U0515887

过渡期青花瓷

谢小铨　著

文物出版社

封面设计：孙凤群
责任印制：王少华
责任编辑：冯冬梅

图书在版编目（CIP）数据

过渡期青花瓷 / 谢小铨著.—北京：文物出版社，2012.10
ISBN 978-7-5010-3227-3

Ⅰ.①过⋯　Ⅱ.①谢⋯　Ⅲ.①青花瓷（考古）—研究—简介
—中国—明清时代　Ⅳ.①K876.3

中国版本图书馆CIP数据核字（2011）第155370号

过渡期青花瓷

谢小铨　著

文物出版社出版发行
（北京东直门内北小街2号楼　100007）
http://www.wenwu.com
E-mail:web@wenwu.com
北京图文天地制版印刷有限公司印刷
新华书店经销
开本：787×1092 1/16　印张：12.25
2012年10月第1版　2012年10月第1次印刷
ISBN 978-7-5010-3227-3
定价：160.00元

目　录

插图目录

中国国家博物馆学术丛书总序

　　中国国家博物馆是展现中华民族灿烂辉煌的历史文化和现代文明的重要窗口，是历史与艺术并重，集收藏、展览、研究、考古、公共教育、文化交流于一体的综合性博物馆。为了实现"国内领先、国际一流"的建馆目标，我们始终坚持"人才立馆、藏品立馆、服务立馆、学术立馆"的办馆方针，全面展开广泛、深入的学术研究工作，为国家博物馆各项事业的发展提供重要的理论支撑。

　　中国国家博物馆所拥有的一百余万件藏品是我们进行学术研究工作的基础。这些藏品比较全面、系统地展现了中华民族五千年文明，今天，我们对这些丰富的物质文化遗产进行研究，就是为了更好地了解和展示我们祖先在生产、生活、娱乐等活动中的创造，并试图进一步与我们的祖先在思想上、精神上进行"对话"；而另一方面，进入 21 世纪之后物质文化遗产越来越被学术研究活动所重视：考古发掘所取得的物质成果早已成为历史研究的重要材料，而传世文物中的绘画、玉器、家具、服饰、瓷器等古代遗物也开始作为切入点和例证进入到学术研究活动的视野中，成为"证经补史"的重要实物依据。重视物质遗存的佐证作用，关注其所引起的带有启发性和颠覆性的学术问题，成为学术研究中非常重要的新视角。因此，博物馆的学术研究活动不仅可以为其他领域学术研究提供基础的、多样的材料实证，同时对博物馆自身的学术发展和推进也具有不可忽视的方法论意义。

　　对于中国国家博物馆而言，学术研究工作对自身业务发展有着重要意义。藏品的鉴定、断代和价值的判断都是以学术研究为基础的；展览主题的确定、展品的选择、展览方式的制定也都与学术研究紧密相关，甚至可以被看成是博物馆学术水平的直接体现；另外，博物馆作为公共文化设施更担负着向广大公众，特别是青少年传播历史、文化和艺术常识的责任，它同样是以学术研究工作为基础的。因此，博物馆在学术研究方面所取得的成绩，不仅形成了我们出版的这一系列学术丛书，同时它也将在我们所举办的各种展览活动、公共教育活动中产生更为广泛、深远的影响，这也是一般的学术研究难于实现的。

中国国家博物馆新馆的建成开放，随着一系列重大展览的陆续推出，对学术研究工作的不断推进和不断总结，也是中国国家博物馆所肩负的重要历史使命。即将出版的这一系列学术丛书，不仅体现出中国国家博物馆近年来在博物馆学、历史学、考古学、文献学、艺术史以及文物科技保护等方面所取得的最新进展，成为向世界展现自身学术水平的一个窗口，同时我们也希望在这套丛书中吸纳以上领域中卓有成就的国内外专家学者的最新研究成果，以共同建构起一个多元化的学术交流平台。

相信这套学术丛书的出版一定能够为中国国家博物馆的学术建设与实践工作起到引领的作用。

中国国家博物馆馆长　吕章申

引　言

　　中国使用钴蓝颜料做呈色剂的历史可追溯至春秋时期；两晋之间，青瓷的烧造出现了有意识的釉下彩装饰，但没有发现使用钴料的情况；隋代出现了成熟的白瓷，使青花瓷的出现具备了必要条件；扬州唐城出土的白地蓝花青花瓷残片，是迄今所见最早的青花瓷实物，它将中国青花瓷出现的年代前推到 9 世纪前后；两宋时期，青花瓷虽有烧造，但未成气候；青花瓷的真正成熟时期是在元代。

　　明清两代是中国青花瓷发展的鼎盛时期，尤其是民窑青花瓷，其烧造数量之大，艺术风格之多样，是瓷器烧造史上绝无仅有的，每当帝王年号发生更迭，青花瓷的风格也随之一变。

　　目前，明清青花瓷的研究有两个时期比较引人注目：第一个时期是明初正统、景泰、天顺三朝，这三朝瓷业生产上承宣德遗韵，下启成化新风，但迄今为止没有发现一件可靠的带有这三朝年款的官窑瓷，因此，学术界称之为"空白期"，"空白"二字即指无官窑产品的发现而言；另一个时期就是"过渡期"，它的时间范围从明末万历后期一直延续到清初康熙早期为止，这段社会的动荡时期却生产出了陶瓷史上最优质的青花瓷。

　　"过渡期"基本上是一个时间概念，笼统地讲是明末清初这段时间，但具体年代分期有不同意见，这一点将会在后面有深入的讨论；同时，"过渡期"的提法也是对明末清初这段历史时期瓷器艺术风格的定位：它蕴含了太多的历史信息，政治与宗教、宫廷与民间、商业与文化、高雅与世俗、传统与创新，以及东方与西方等诸多因素同时影响着这一时期的陶瓷生产，成就了一个面貌独特、风格渐变的陶瓷过渡序列，成为明清之际中国陶瓷艺术的亮点。

概念

一、"过渡期"概念的提出与研究现状

长期以来，国内陶瓷研究存在重"官"轻"民"、重明清轻高古的现象，其评判标准过分推崇繁缛淫巧的制作工艺，富丽精致的装饰风格，这基本上承袭了晚清民国以来的审美心态[1]。官窑瓷因不计成本的生产方式固然有其华美精致之处，但艺术品味总体上反而不及民窑作品来得洒脱、豪放、变化多端。由于不受传统审美习惯和偏见的影响，国外的研究者更容易站在一个客观全面的角度来审视中国陶瓷史，一些新的研究领域往往由外国学者率先开拓出来，才逐渐引起国人的重视。

1929 年，英国人霍布逊对"至正十一年"青花云龙象耳瓶的发现以及 20 世纪 50 年代美国人波普对"至正型青花"的剥离，掀起了元青花的研究热潮，我们才逐渐认识到元青花的重要历史地位；以小山富士夫为代表的日本学者对磁州窑的研究，多年来一直领先于国内的研究水平，佐藤雅彦[2]在他的《中国陶瓷史》一书中写道："磁州窑陶瓷也许是日本人最喜爱的，这是由于中国的磁州窑制品充满着一种珍罕的古拙气息，其制作与装饰因粗放而具有一种令人亲近的质感。"日本人从磁州窑作品中感受到更多的是其粗放跌宕的艺术气质而非具体的工艺技巧。直到现在，作为北方最大的民窑窑系，磁州窑的研究在国内仍未受到足够的重视。

[1] 郭葆昌在其《瓷器概说》中，对清代官窑推崇备至："有清一代，康雍乾三朝御窑制器美备精良，超越前古。"从其督造洪宪御瓷之实物看，也以模仿雍乾为能事；赵汝珍在《古玩指南》之瓷器评品中，也极力推重历代官窑，尤其是宋五大名窑与明清官窑。

[2] 佐藤雅彦（1925～），著名中国陶瓷艺术研究学者，曾主编日本《世界美术全集》之《中国六朝美术》和《中国隋唐美术》中《中国陶俑》，著有《中国陶瓷史》。

[3] *The Burlington Magazine, 1910-1911.*

[4] 刘朝晖在其《瓷画、版画和文人趣味》一文中指出这些资料的来源。它们是：

（英）Soame Jenyns *The Wares of the Transitional Period between the Ming and Qing 1620-1683.* Archives of the Chinese Art Society of America, vol. IX (1955).

（美）Stephen Little *Chinese Ceramic of the Transitional Period 1620-1683*, China Institute in America, 1983.

Julia B. Curtis *Chinese Porcelains of the Seventeenth Century*, China Institute in America, 1995.

（英）Michael Butler, Sir Micdael, Margaret Medley, Stephen Little *Seveteenth-century Chinese Porcelain*, Art Services International Alexandria, Virginia, 1990.

Margaret Medley *Ming Transition in Chinese Porcelain*, Arts Asiatiques, vol. XLII, 1987.

Richard Kilburn *The Hatcher Junk (1643-1646)*, The Hatcher Porcelain Cargoes, Phaidon. Christie's Limited 1988.

（日）西田宏子《明末清初手の磁器》，《明末清初の民窑》，平凡社，1997年。

图 1 明崇祯 青花芭蕉湖石图莲子罐

对"过渡期"瓷器的研究也不幸由国外学者最先提出。

帕泽斯基（Perzynski）在 20 世纪初就注意到明清之际一些带干支纪年瓷器的特殊性[3]。青花芭蕉湖石图莲子罐是一件带"丙子"纪年款的作品（图 1），它的烧造年代应是崇祯九年（1636 年）的夏天，国外研究者发现了它与众不同的特点：精良的胎釉质量，青翠淡雅的青花色调，新颖的绘画风格，精致的边饰，细腻的口足工艺以及独特的器物造型。具有这种特点的青花瓷器在明清之际绝非个别现象而是一瓷器品类，以至他们把生产这类瓷器的历史时期称之为"过渡期"或"转变期"。

明末清初是中国瓷器对外贸易极为发达的历史时期，留存海外的过渡期瓷器实物遗存数量较大，尤其是中东及欧洲。近年来，在中国瓷器对外输出的海上航线上，屡屡发现沉没的满载中国瓷器的货船，更是激发了大家的研究兴趣。自 20 世纪初过渡期青花瓷器引起研究者关注以来，国内外学者相继发表了不少研究成果[4]；另外，还有一些学者如王志敏、汪庆正、毕克官、张浦生诸先生，虽然他们并未就"过渡期"瓷器研究发表过专著，但他们在谈到这段时期瓷器时的一些观点无疑向研究者提供了新的视角。叶文程、罗立华翻译的英国著名陶瓷收藏家哈里·加纳（Harry Garner）的《东方的青花瓷》（*Oriental Blue and White*）一书中[5]，对过渡期瓷器有过精彩论述；香港东方陶瓷学会与香港市政局于1981年联合主办了明末清初瓷展，上海博物馆在陶瓷陈列中辟出专柜，陈列过渡期青花瓷器，国有文博机构在陈列展览中如此迅速地跟踪学术前沿，是一个令人兴奋的迹象。

国内的收藏界中，一些有眼光的收藏家也逐渐对过渡期青花瓷器另眼相看。马未都先生在自己的博物馆里对明末清初的青花瓷作过展示；他的《明清笔筒》一书，集中了不少过渡期瓷器的形象资料，他对过渡期青花瓷器文化内涵上的探讨，是此书最动人的地方。

另外，由于文物拍卖活动的开展，大量的过渡期青花瓷器精品得以重见天日（图2）。在某拍卖公司的一个小型拍卖会预展上，展出了一件明崇祯青花人物盅式花插（图3）。此花插呈仰盅形，圈足，口无釉，口沿暗刻边饰，器身满绘游骑人物、芭蕉萱草，远山浮云隐现，近水雁阵惊寒，画意高古，发色青翠，胎釉精良，是典型的过渡期风格。此花插形制稀见[6]，甚为珍贵。过渡期青花瓷器以其独特的艺术气质、精良的工艺质量而日益受到收藏家的重视和保护。近年来，过渡期青花瓷器由零星闪现到成为一个收藏品类，是学术研究和市场引导助力的结果，传统的审美观和收藏品味亦因此而得到转变和发展。

随着学术研究的开展，专题展览的举办，公私藏家的搜集，海外著作的译述，国内对过渡期青花瓷器的研究应该说取得了相当成就，但我以为，更大的成就是研究方法的转变。瓷器研究不应只是停留在器物形状、内容的描述与类别排比的层面上简单地就物论物，它应是多种学科相结合、多种手段相补充的系统工程。文物本身是一个蕴含大量历史信息的载体，文物研究的任务就是要尽量复原文物原本的历史环境，运用多种手段，把文物蕴含的信息能量阐发出来。

对于"过渡期"瓷器的研究，国内学者也取得了相当成就，见诸发表的有汪庆正《明末清初景德镇制瓷业的重大转折》，载《上海博物馆集刊》第7期，上海书画出版社，1996年。
陈文平《明末清初的青花瓷器》，载《青花釉里红》，两木出版社，1986年。
于荣丽《明末清初民窑青花瓷赏析》，《文物春秋》1996年第4期。
郭学雷《崇祯民窑青花瓷器中的上品细料器》，《文物季刊》1999年第3期；《崇祯、顺治年间的景德镇青花瓷器研究》，《福建文博》1999年增刊。
刘朝晖《瓷画、版画和文人趣味——转变期瓷器装饰与社会风尚研究》，载《中国古陶瓷研究》第5辑，紫禁城出版社，1999年。
蔡路武《试论明末清初瓷画与绘画的交融关系》，载《中国古陶瓷研究》第5辑，紫禁城出版社，1999年。
[5] 哈里·加纳著，叶文程、罗立华译《东方的青花瓷》，上海人民美术出版社，1992年。
[6] 器高19.5厘米，仰盅形，是否为"花插"，求教方家，笔者遍检资料，没有发现崇祯时有这种器形花插的实物资料，是否孤品，不敢妄断。

图 3　明崇祯　青花人物盅
式花插

图 2　过渡期青花瓷一组

国内学者近期对过渡期青花瓷器的研究在方法上，突破了陶瓷研究中某些传统的学术含量很低的就物论物的研究方法，旁征博引，视野开阔，给研究者以很好的启示。

二、过渡期分期之歧异

1. 过渡期的两种时间界定

明末清初是一个政局动荡的社会变革时期，瓷业生产情况十分复杂，御窑厂的生产活动基本废停，民窑生产空前活跃，一大批优质青花瓷在民窑中生产出来，成为过渡期瓷器的代表。明末万历后期到清初康熙早期，青花瓷的主体风格既具有共同的独特面貌，又具有渐进演变的特点。这批瓷器具有精良的胎釉质量，纯正的青料发色，丰富的晕染层次，以及绘画性强、文人气息与世俗风情浓厚的装饰风格，其工艺质量超过历史上任何时期的青花制品，至康熙时为极致，有"青花五彩"之美誉。康熙以前，青花彩绘多分两个层次深浅着色，而康熙青花则发展成为五个层次的深浅色阶，有"头浓、正浓、二浓、正淡、影淡"之分，尤其在表现山水质感时，其层层晕染竟达到如水墨画般的丰富表现力，对青料发色色阶的控制与表现已是随心所欲，多者竟有十数层。清末陈浏在《陶雅》中品评明清两朝各窑彩画瓷绘："康熙彩之颜料固非后世所常有，论其画手高妙，不但官窑器皿仿佛王、恽，即平常客货亦莫不出神入化，波澜老成……雍、乾两朝之青花盖远不逮康窑。然则青花一类，康青虽不及明青之秾美者，亦可独步本朝矣。"陈浏认为康熙青花瓷质量在整体上已达到相当高度，就算平常客货也已出神入化。从绘画上看，陈浏对康熙瓷画手高妙、青花独步本朝的情况推崇备至，但从目前能确信为生产于明末的青花瓷作品来看，明末与清初画手究竟谁更高妙，却是一个艺术欣赏见仁见智的问题，明末画手，未必不如康熙，但康熙青花纯正的钴蓝发色以及多达十几层的浓淡层次，不但"独步本朝"，简直就是独步古今。

目前，对过渡期分期的具体起止时间，存在不同看法，大致有两种意见。一种是以哈里·加纳为代表，在其名著《东方的青花瓷》（*Oriental Blue and White*）中，将1620～1662年定为过渡期的起止时间；另一种以索姆·詹宁斯（Soame Jenyns）为代表，在《晚期中国瓷器》(*Later Chinese Porcelain*)一书中，他把过渡期的下限延长到1683年。1620年，万历朝结束；1662年，康熙即位；1683年（康熙二十二年），据《景德镇陶录》记载，臧应选于这一年被任命为御窑厂总管（臧应选何时督陶御窑厂，说法不一，后面将述及）。以上两种分期将特定时间所发生的独特事件作为划分过渡期起止时间的依据。实际上，这种划分并不能非常准确地界定过渡期瓷器本身艺术风格的发生和终结，要对过渡期瓷器本身艺术风格的源流做出界定，就必须对明末清初御窑厂和民窑的生产状况和产品艺术风格变化的情况有准确判断，因此，对明末清初御窑厂的生产情况及艺术风格转变的考察就成为界定过渡期起始时间的关键。

2. 明末御窑厂的停烧与过渡期的开始

明末清初，国势飘摇不定，御窑厂的生产活动基本废停。目前所见的落"天启"、"崇祯"、"顺治"三朝年号款的作品极其稀见，且这段时期御窑厂的生产情况更是罕见文献记载。

万历早期，因瓷器烧造之苦，民力困瘁，曾多次停免瓷器烧造。

据《神宗实录》，万历十一年（1583 年）、十二年（1584年）、十四（1586 年）年均有不同程度裁减瓷器烧造的记载。可见，从万历中期开始，御窑厂的生产活动已逐渐走向衰退。明代御窑厂究竟何时停烧？据《明史》卷八十二"烧造"条："万历十九年(1591 年)命造（瓷器）十五万九千，既而复增八万，至三十八年（1610 年）未毕工，自后役亦渐寝。"《神宗实录》卷四百三十载："万历三十五年（1607年）六月丙辰，工部侍郎刘元震请罢新昌等县土青……查江西烧造自万历十九年，内承运库正派瓷器十五万九千余件，已经运完，所有续派八万余件，分为八运，除完七运外，只一万余件，所需不多，宜行停止，或令有司，如数造完，以陛下往年恩诏，即宝井珠池，悉行封禁奈何？何以区区土青为盛德所累乎？自是役亦渐寝。"据立于景德镇御窑厂的崇祯十年《关中王老公祖鼎建贻休堂记》碑载："我太祖高皇帝三十五年，改陶厂为御器厂……显皇帝二十七年，复命中官为政，三十六年辍烧，而撤中官……沿及列祖以迄今上，圣人迭出，力行节爱，烧造不兴，与民休息……"从《明史》和《神宗实录》记载看，万历十九年朝廷命御窑厂烧造的二十三万九千件瓷器的额度拖延到万历三十八年都没有完成，其间工部多次奏请裁减烧造而不从，万历三十年（1602

年）还发生了督理窑务的太监潘相激变良民，御窑厂被捣毁的严重事件，御窑厂的生产到万历后期确实已经力不从心；同御窑厂旧址所立《关中王老公祖鼎建赀休堂记》碑文内容相印证，因御窑厂烧造的力不从心以及民变，万历三十六年（1608 年），御窑厂停止烧造并裁撤中官的记载是确信的。自此以后，明代御窑厂烧造也就"役亦渐寝"。

御窑厂生产的衰退与辍烧，使民窑的勃勃生机凸显出来。因此，笔者认为，万历三十六年（1608 年）景德镇御窑厂的辍烧，是明末瓷器生产的一个转折点，此后御窑厂"役亦渐寝"，官窑产品虽未完全绝迹[7]，但已无法与民窑比肩，民窑产品从此成为这一时期瓷器生产的主角，民窑产品的艺术风格成为瓷器主流风格，这一年，标志着晚明的瓷器艺术风尚转向的过渡期已经开始。国外研究者把 1620 年万历朝结束作为过渡期的开始，显然忽略了万历后期的瓷业生产情况。

万历朝青花瓷，早期与嘉靖风格极近，青花色料仍用回青，与嘉靖产品极难区分（图 4）；中期以后，因回青料逐渐断绝，改用国产青料，同时，在绘画风格上也逐渐发生转变。

《神宗实录》卷三百零一载："万历二十四年八月癸未，先是奏回青出西域吐鲁番异域，去京师万余里，去嘉峪关数千里，而御用回青系西域回夷大小进贡，买之甚难。因命甘肃巡抚田东设法召买进，以应烧造急用。"到万历三十四年"乙亥，江西矿税太监潘相……上疏请专理窑务，又言描画瓷器须用土青[8]，惟浙青为上，其余庐陵、永丰、玉山县所出土青颜色浅淡，请变价以进，从之。"可见，从万历中期开始，因回青已"买之甚难"，后期官窑不得已改用国产青料，其最上等者为"浙料"。宋应星《天工开物》也记载颇详："凡饶镇所用，以衢、信两郡山中者为上料，名曰浙料，上高诸邑者为中，丰城诸处者为下也。"著录于《明清瓷器鉴定》一书的万历青花山水人物筒瓶，应是万历中期以后改用国产青料烧制青花瓷的很好例证。此瓶与万历早期制品已有明显区别，除青料改用国产浙料外，其艺术风格与装饰细节已具有过渡期瓷器典型风貌：青花发色淡雅，

[7] 目前，书写"天启"、"崇祯"、"顺治"年号款的瓷器，虽能见到，但属极其个案，且其是否官窑产品，还有待研究。但从成书于崇祯十年的宋应星《天工开物》的记载看，其屡屡提及"龙凤缸"、"上用龙凤器"、"御器龙凤"，且将其造法与普通民用之物造法并举，在"白瓷·青瓷"一节中，宋应星将"御器龙凤"与"上品细料器"并列，其中"上品细料器"就是典型的过渡期风格瓷器；因此，万历三十六年（1608 年）景德镇御窑厂的辍烧应该是大规模的烧造活动被停止，且朝廷不派专员督理陶务，它并不代表御窑厂的生产活动骤然停止，1608 年以后，御窑厂有零星的烧造活动是不应该否认的。笔者曾见一天启三年苏州造细料金砖，二尺见方，与宋应星《天工开物》中"若皇室所用砖……又细料方砖，以甃正殿者，则由苏州造解"的记载完全吻合，由此也可推之他对"龙凤御器"的记载是可信的。

[8] 土青即国产青料。

图 4　明万历　青花人物图圆盒

渲染层次丰富，人物和风景成为主题纹饰，山石皴染有浓厚的文人笔意，风景中的植物纹样是过渡期青花瓷装饰中常见的式样，以山石分割画面的手法也常见于过渡期瓷器装饰中，此筒瓶形制为万历时期新创品种，一直延续到康熙时期，也是过渡期瓷器最主要的器形种类之一（图 5）。青花人物故事盘是万历时期瓷器装饰的艺术风格向过渡期转变的另一实例类型：此盘主题纹饰以人物为中心，从细节上分析应该是带有一定情节的戏曲故事（图 6）。戏曲故事是过渡期瓷器纹饰题材的主要来源之一。此盘青花发色较浓重，绘画技法以勾勒平涂为主，不见皴染，层次较为单调，人物衣褶轮廓及表情的刻画较为粗放。从总体风格上看，已具备过渡期瓷器的原始风貌。

　　万历中后期青花瓷风格的异化，是推动过渡期瓷器风格形成的重要因素之一。这种风格的转变并不只是出现在民窑作品中，在同时期或更早的官窑产品尤其是外销瓷中，我们同样可以看到过渡期因素的孕育和发展。

　　明末清初的外销瓷是一个极其复杂的文化现象。

　　15 世纪以来，西欧资本主义国家积极拓展海外贸易以

图 5　明万历　青花山水人物筒瓶

图 6　明万历　青花人物故事盘

积累资本，过去依靠阿拉伯人转运的东西方贸易格局随着16世纪葡萄牙、西班牙、荷兰商人来到东亚和南亚得以改变，瓷器是最主要的贸易商品。在这种背景下，景德镇瓷器以其宋元时期创下的优势在明清时又独领风骚，其势头一直保持到16世纪。

　　1600年，英国东印度公司成立，1601年，荷兰东印度公司成立，西方对中国瓷器的需求日益增加。自万历中期开始，中国与欧洲的瓷器贸易进入一个新阶段，上百万件中国瓷器被葡萄牙、荷兰商船源源不断地贩往世界各地，景德镇的外销瓷需求量骤增。据T.佛尔克《瓷器与荷兰东印度公司》（T. Voiker *Porcelain and the Dutch East Indian Company*）一书统计，仅荷兰东印度公司在1602~1682年间就从中国运出瓷器达1600万件，每年平均达20万件之巨。如此庞大的瓷器需求，单靠景德镇一地的产量是不可能满足的。

　　面对这种贸易态势，万历时期，景德镇瓷业却出现了原料危机，1602年窑工反对陶监的运动更是发展成为火烧御窑厂的暴力斗争，加上明末清初朝代更替中出现的政治动乱，使景德镇出现了约70余年的不安定局面。这些政治的、原料的（高岭土的官属和自由开采之争）和管理制度上的（官民窑之争以及官搭民烧制度的确立）一系列问题，造成了景德镇内销和外销瓷生产的减产甚至停歇。然而此时正是诸东印度公司对瓷器贸易需求最大的时候，它不可能因为景德镇的减产和停产而终止获取中国瓷器的贸易所带来的利润。于是，东印度公司的商人们手捧景德镇瓷器和西方人喜爱的图样四处寻找加工点，华南沿海包括日本外销瓷的生产就是在景德镇窑的兴衰起伏和海外对中国陶瓷需求的夹缝中发展壮大起来的。

　　目前所见的明末清初外销瓷工艺纷繁复杂，质量精粗不一，应是其产地不同所致。关于外销瓷的产地问题，熊海堂先生提出了"景德镇窑系"[9]的概念。他结合技术特点和地理分区，把景德镇窑系（外销瓷）分为三个层次：（1）景德镇的镇窑区。这里集中了生产御瓷的官窑以及明末清初

[9] 熊海堂《华南沿海对外陶瓷技术的交流和福建漳州窑发现的意义》，此论文系"明末清初福建沿海贸易陶瓷的研究"国际学术讨论会论文。

实行官搭民烧的高层次民窑，官定式样等高档内销和外销瓷皆出于此；（2）景德镇周边的仿景德镇民窑，如乐平、都昌诸窑。由于当地瓷工经常出入景德镇佣工，对景德镇窑技术有部分了解，但当时景德镇诸窑业的分工已相当细密，宋应星《天工开物》说："共计一坯之力，过手七十二，方克成器"。因此，镇外佣工只能接触生产环节中的某几个工序，而绝难掌握系统技术；（3）华南沿海仿景德镇外销窑场，如平和、华安、漳浦、德化等窑。他们对景德镇瓷器工艺的认识，只停留在表面上，在一些具体工艺细节的处理上与景德镇产品有较大不同。如华南沿海窑口的外销青花，器底粘满粗砂，而在景德镇产品中就难见这种情况，这是由于在装烧与施釉方法上不同所致。

　　如此大的生产量和生产区域的扩展，外销瓷已经成为明末清初瓷业中举足轻重的力量，而且，外销瓷并不绝对只供出口，从目前资料看，国内市场多见于王公贵族订烧购买。如江西省博物馆藏明益宣王朱翊鈏墓出土的青花开光菱口大盘（图7），就是典型的景德镇外销青花而为国内王府贵族所定购；再如2001年于中国历史博物馆展出的"靖江藩王遗粹"中有一组显然不是景德镇窑的梅瓶，其中有河北磁州窑、山西砝华器，另外还有几件未说明窑口但实际上是万历时期华南沿海一带烧制的外销瓷。如蓝釉加白鹭鸶青莲梅瓶、酱釉加白牡丹灵芝梅瓶和酱釉加白牡丹纹执壶（图8～10）。同样的作品在土耳其托普卡比博物馆（Topkapi Saray Museum）有收藏。但既然是外销，它一定是受到货主定货要求所限制。陈万里先生在谈到宋末至清初我国外销瓷的情况时说："事实上，远在16世纪，我国就已改变瓷器式样以适应欧洲人需要……1635年，在台湾总督给阿姆斯特丹公司的报告中提到，他曾交给中国商人木制的大盘、大碗、瓶、冷饮器、大罐、餐具、大杯、盐盒、小杯、芥末瓶、水瓶、宽边扁盘、带水罐脸盆的样品，这种样品都是镟成的。"[10] 同时，国外商人还将西方国家的族徽、文字、罗盘、经书、喷水图以及人物或风景画等图样交与中国生产商作为定烧

[10] 陈万里《陈万里陶瓷考古文集》，第289页，紫禁城出版社，1997年。

图 7　明万历　青花开光菱口大盘

图样。因此，以中国传统花鸟瑞兽、人物山水再配以西洋纹饰的外销瓷就具有一种包容中西的新奇风格，这种因素给长期以来的明代青花瓷传统装饰注入了新的活力，重要的是，它也受到国内上层贵族的喜爱。对处于过渡期的晚明瓷业来说，外销瓷中西方绘画与工艺的纹饰、构图、景深、明暗以及更深层次的绘画观念，如主题绘画等因素不知不觉就融入到过渡期瓷绘风格中，成为造就过渡期独特艺术成就的诸多因素之一。

在土耳其的托普卡比博物馆数量庞大的明代外销青花瓷收藏中，可以清晰地看到从嘉靖、万历到天启、崇祯各朝，在外销瓷这条线索上，过渡期瓷器的艺术风格是如何孕育、发展和成熟的。

该馆收藏的青花孔雀牡丹纹盘是明中期成化、弘治间典型的景德镇青花作品（图 11）。这件作品虽然是作为外销瓷出口，但它地地道道是一件纯正的中国风格青花瓷：青花发色浓重，技法纯是一笔点染，层次单纯，无景深表现，空白期遗风明显。可以说，当时的外销瓷应该没有依据外商要求来烧造的习惯。青花庭院鸣禽图盘生产于万历早期的景

图 8　明万历　蓝釉加白鹭鸶青莲梅瓶

图 9　明万历　酱釉加白牡丹灵芝梅瓶

图10　明万历　酱釉加白牡丹纹执壶

德镇（图12），与青花孔雀牡丹纹盘相比，这件作品画面
主题纹饰一反传统装饰的强烈图案化特征而具有鲜活清新
的生活气息，青料发色浓淡有致，层次丰富，山水边饰已见
皴染。在同时期的另一件作品青花山水图盘中（图13），
这种特点更觉明显：以山水为主题纹饰，其浓淡皴染的技法
已具有过渡期的某些特征，尤其在景深处理上，尽量利用层
次繁多的景物将景深层层推远。

　　万历后期，景德镇的外销青花作品已具有更明显的过
渡期特征。青花双凤朝阳纹盘（图14），其主题纹饰已完

图 11　明成化至弘治　青花孔雀牡丹纹盘

全脱离了传统装饰的图案化性质而成为一幅独立的花鸟画，画面中对日月的表现与嘉靖时期单线勾勒平涂的表现方法（图 15）已迥然有别，采用明暗渲染的带状流云来表现白日的阴晴变化，这种技法是过渡期青花作品中最典型的装饰技法之一（图 16）。

　　万历后期的外销青花瓷不单在技法、构图等技术环节上具有了过渡期特征，而且在主题纹饰内容上也与万历早期明显不同：山水必有意境，人物必有故事，花鸟必有情态，世俗的社会生活，文人的审美情趣成为这个时期瓷器装饰着重表现的内容。游骑人物图（图 17）、教子图（图 18）、农耕图（图 19）、策杖行吟图（图 20）、梅妻鹤子图（图 21）、羲之爱鹅图（图 22）等这些过渡期常见的装饰题材，在万历后期外销瓷装饰纹饰中已经很常见了。

　　因此，不论从渐趋衰落的官窑产品，还是从产量巨大的民窑以及民窑中的外销瓷来看，万历后期的青花作品已开启了过渡期风格的先河。

图 12　明万历　青花庭院鸣禽图盘

图 13　明万历　青花山水图盘

图 14　明万历　青花双凤朝阳纹盘

图 15　明嘉靖　青花狮象纹盘

图16　明崇祯　青花人物图筒瓶

3.清初御窑厂的恢复与过渡期的终结

　　关于清初御窑厂的恢复情况，清初以来的文献有不少记载，但详略不一，说法也稍有出入。

　　顺治时期御窑厂恢复与否并无文献明确记载，康熙十年的《浮梁县志》只是提到曾奉旨烧造瓷器，但均未成功。从制度上看，仍以官搭民烧的方式进行：

　　国朝顺治十一年，奉旨烧造龙缸，径围三尺五寸，墙厚三寸，底厚五寸，高二尺三寸。每烧出窑，或塌或裂。自十一年起至十四年，缸造二百余口，无一成品。经守道董显忠、王天眷、王瑛，巡南道安世鼎，巡抚部院郎廷佐、张朝璘，俱临监督，终不克成。

　　顺治十六年奉旨烧造栏板，阔二尺五寸，高三尺，厚

图 17 明万历 青花游骑人物图盘

如龙缸。经守道张思明、工部理事官噶巴、工部郎中王日藻
监督烧造，亦不成，官民咸惧。

　　顺治十七年，巡抚部院张朝璘檄行署县事，端州府通
判刘日永询问窑民所以烧造难成缘由，具疏，题请奉旨停免。

　　同样是康熙年间的《浮梁县志》最早记载了康熙时期
御器的烧造情况：

　　康熙十年烧造祭器等项，俱估价值销算正项钱粮，并
未派征。陶成分限解京，官费不可定。俱于浮梁县贮库砂土，
上工夫工食余剩银两内支用。

　　乾隆四十八年《浮梁县志》：

　　国朝康熙十三年，吴逆煽乱，景德镇民居被毁，而窑
基尽圮。大定后，烧造无从，又魏氏子弟各出其工，分承窑脚，
尽为整理，而圮坏如新，故御厂有役，则供工食，视寻常加倍。
厥后，御器烧自民窑，供役虽停而结砌补葺，则仍魏氏世守，
此皆陶政所关，而亦民业所系，因备记于简编。

　　康熙十六年（1678年），邑令张齐仲，阳城人，禁镇

图 18　明万历　青花教子图盘

图 19　明万历　青花农耕图盘

图20　明万历　青花策杖行吟图盘

户瓷器书年号及圣贤字迹，以免残破。

　　"（康熙）十九年九月，奉旨烧造御器，今广储司郎中徐廷弼、主事李延禧，工部虞衡司郎中臧应选、笔帖式车尔德于二十年二月驻厂督造。制成之器，估值进呈。工匠物料，动支钱粮，按项给发，运费不累地方，官民称便。"光绪《江西通志》的记载与此相同。但约成书于乾隆晚期的《景德镇陶录》卷二"国朝御窑厂恭记"却将臧应选驻厂督造的时间记为康熙二十二年（1683年）二月，当是误记。

　　以上记载有如下几点值得注意：

　　第一，终顺治一朝，朝廷烧造御器没有成功的记录，尤其是龙缸等大器，但小件器或有烧制成功的可能。《明清瓷器鉴定》著录两件顺治年号款的瓷器，体量较小，当可能是"御器烧自民窑"的作品。

　　第二，明初以来实行的"匠籍"制度到康熙时得以完全废除[11]，明代后期"官搭民烧"的做法在康熙时成为定制，政府经办御器烧造改变了明代征派夫役的形式而代之以金

［11］顺治二年（1645年），政府曾一度宣布取消匠籍和免征代役银，但不久又恢复了。康熙以后，又把工匠代役银（即班匠银）一概并入田赋内征收，工匠代役银和匠籍制度才逐渐废除（《皇朝文献通考》卷二一）。

图 21　明万历　青花梅妻鹤子图盘

图 22　明万历　青花羲之爱鹅图盘

钱雇用劳力的形式。

第三，康熙早期因政局的不安定，专门的御窑厂并未建立，如朝廷有需求，也多由当地地方官兼管，且即有需求，也"烧自民窑"。这种情况直到康熙二十年（1681年）臧应选专任驻镇督陶时方得以改变。

第四，史载"康熙不尚尊号"，当时的浮梁县令张齐仲曾有禁书年号的命令，这个命令历来被用做解释"康熙早期之大量使用花押、图记、斋轩、堂名款代替官窑款识"[12]现象的原因。

但是，在张齐仲颁布禁写年号的命令之后22年，即康熙三十八年，景德镇地方政府再一次颁布了禁写年号的命令，且立碑铭文于御窑厂内。碑文内容兹录于下：

奉宪永禁碑

提督江西通省学政按察使司佥事加一级王批，仰两院暨各司道批示缴；又奉护理江西按察使司分巡饶九道，本府正堂加一级李批；瓷书字，破碎即同瓦砾，今（下缺）案（下缺）到厅，奉此合行勒石永禁，为此碑。仰合镇窑户工匠人等知悉：嗣后烧造瓷器，无论大小精粗（下缺），圣之心，共相劝戒，永远遵行。倘视虚套，阳奉阴违，一经查出，定拿枷责不贷。须至碑者。康熙三十八年七月立。

无论是邑令张齐仲还是提督江西通省学政，作为地方一级官员，其禁书年号的命令对象当是"合镇窑户"的民窑产品而非供御宫廷的御器。康熙二十年御窑厂成功恢复以后，瓷器书写帝王年号已是定例，康熙三十六年的这道禁令显然不是针对御窑厂的，它的对象只能是民窑的窑户。由于禁写年号的命令一再颁布和重申，康熙民窑作品中罕见本朝的年号款，但绝非没有[13]，其原因值得探讨。

康熙二十年，御窑厂成功恢复之前，由于政局不稳（郑成功的反清斗争与三藩之乱），朝廷无力顾及御窑厂生产的恢复，而直接取用民窑产品。从流传实物来看，这时期的民窑作品质量是相当高的，一些带堂名款的作品与供御宫廷的御器质量不相上下，禁止民窑产品书写年号的命令或许出于

[12] 耿宝昌《明清瓷器鉴定》，第185页，紫禁城出版社，1993年。

[13] 嘉德2001年春季拍卖第1304号拍品，康熙青花人物故事图笔筒，此笔筒落款"大清康熙年制"六字青花款。

宫廷欲垄断高质量民窑产品的目的亦未可知。

康熙二十年（1681 年），臧应选专门驻镇烧造御瓷，使得清代御窑厂得以成功恢复，它标志着政府重新掌握了御瓷烧造的主动权，可以用优于民窑的技术、原料、人力来生产满足宫廷口味的御用瓷器，以至有"臧窑"之称。《景德镇陶录》："康熙年臧窑，厂器也。为督理官臧应选所造。土埴（质）腻，质莹薄，诸色兼备，有蛇皮绿、鳝鱼黄、吉翠、黄斑点四种尤佳。其浇黄、浇紫、浇绿、吹红、吹青者亦美。迨后有唐窑犹仿其釉色。"这段记载说明了臧窑的三个特点：

第一，胎质细腻，釉层紧薄硬亮。这也是清代瓷器区别于明瓷胎釉的总体特征。康熙时期胎质淘炼极其精细，密度高，比重大，鉴定康熙瓷，用手感知其份量即可知其大概；其施釉较明代薄，胎釉结合紧，釉色硬亮偏冷，与明代胎釉特征截然不同。

第二，臧窑创烧了新的单色釉品种。此后，单色釉瓷器的生产，在清代宫廷用瓷中占有重要地位；

第三，臧窑的艺术风格对后世产生了较大的影响，以至于"唐窑尤仿其釉色"。

总之，1681 年臧应选成功恢复御窑厂，在胎釉工艺、美学风格上打破传统并创烧新的陶瓷品种，奠定了清代御瓷的总体特征。一种新的御瓷风格和审美标准得以确立，并对民窑的风格产生影响。新风格的产生意味着旧风格的结束，万历晚期以来沿袭 70 余年的过渡期青花瓷的独特面貌随着御窑厂的成功恢复而终结。

从万历三十六年（1608 年）御窑厂辍烧到康熙二十年（1681 年）御窑厂的重新恢复，短短 73 年时间，在陶瓷史上却是一个极复杂、极精彩的片段。

官窑势力的弱化，民窑才情的迸发，外销瓷的高度繁荣，没有了种种禁忌与限制的民间瓷业完全顺应着社会需求而发展。正因为如此，过渡期瓷器才蕴藏着如此丰富的晚明清初的社会风貌细节，其装饰风格也努力淡化工艺特质而更具艺术性，充满着对人性的关怀。

范围

一、品类杂陈

二、官民之别

三、内外同销

一、品类杂陈

目前，学术界对过渡期瓷器的研究集中在景德镇民窑最优质的青花瓷上，即宋应星在《天工开物》里提到的"上品细料"青花瓷。

《天工开物》刊于崇祯十年（1638年），作者宋应星，江西人，崇祯七年以举人身份出任江西袁州府分宜县儒学教谕。由于这些因素，他对晚明瓷业记载的可信度是非常高的。《天工开物》中提到当时生产的两种优质青花瓷，即"上品细料器"与"龙凤纹御器"，此两种青花瓷工料俱精：其胎为经过春炼沉淀的细料，其青料为浙料中发色最好的上料"翠毛蓝"。从传世实物看，崇祯时期青花瓷中确有一类胎釉细腻、画工精微、青花发色青翠淡雅，即宋应星所谓"翠毛色"的优质青花瓷，宋应星将它与上用"龙凤纹御器"相提并论，足见其质量之精。但上品细料的青花瓷并不能代表过渡期瓷器的全貌。过渡期瓷器因产地有窑址不同，质量有精粗之分，用途有内外销之别，品类有青花瓷、彩瓷、单色釉瓷等不同品种，尤其在康熙早期，盛名卓著的康熙五彩，就有大量具有典型过渡期装饰风格的作品传世（图23、24）；即使崇祯时期"上品细料器"中，也并非全是青花，也有纯粹白釉暗刻的作品；同时，过渡期产量更大的青花瓷是那些发色较灰暗、胎釉较粗率的产品。因此，对过渡期瓷

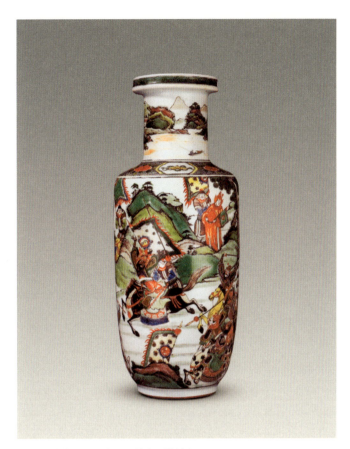

图 23　清康熙　五彩三国故事图棒槌瓶

图 24　清康熙　五彩描金西厢记人物故事图盘

器的研究不应只局限于"上品细料器"这单一品类,而应从多个视角来全面关注这时期瓷器生产的总体面貌。比如对康熙早期的供御宫廷的民窑产品与这时期的外销瓷就应予以注意,尽管本书讨论的对象仍是"上品细料"青花瓷。

二、官民之别

由于御窑厂的衰落,代表过渡期瓷器面貌的是民窑产品,但明末与清初的情况有所区别,清初康熙早期宫廷用瓷烧自民窑,具有浓郁的民间风格,因此,过渡期瓷器涵盖的范围应包括具有民间风格的康熙早期宫廷用瓷。

官窑、民窑与贡瓷是既区别又互相联系的三个概念。官民之别是判断瓷器价值的重要标尺,严格意义上的官窑应为宫廷所垄断,其产品不进入流通领域[14],与具有商业性的民窑相比,官窑产品在工艺上不计成本,质量上力求精细完美。宋代以前,没有真正意义上的朝廷垄断的官窑,宫廷用瓷取自民窑贡奉,唐代徐夤有《贡余秘色茶盏》诗:"捩翠融青瑞色新,陶成先得贡吾君。"从现有情况看,唐代宫廷并未对某一瓷窑进行垄断。

宋代,许多民窑曾为宫廷烧造贡瓷。定窑、耀州窑、钧窑、龙泉窑、磁州窑、景德镇窑都曾为宫廷烧造贡品,《宋会要辑稿·食货》:"瓷器库在建隆坊,掌受明、越、饶州、定州、青州白瓷器及漆器以给用。"记载了宫廷掌受民窑贡瓷的情况。但宋代已有三座瓷窑曾为两宋宫廷所垄断,烧造全部供宫廷专用,失去了商品瓷的性质。这三个瓷窑是浙江余姚越窑、河南开封的北宋官窑和浙江南宋官窑[15]。这是严格意义上的官窑烧造的开始。

元代有浮梁瓷局掌烧宫廷用瓷。《元史·百官志》:"至元十五年,置曰浮梁瓷局(秩正八品),掌烧造瓷器,并漆造马尾、棕、藤、笠帽等,大使一员(从八品),副使一员(正九品)。"

明代洪武初年即设御窑厂,专管瓷器烧造,直到万历

[14] 不同时期,对官窑产品的流通,控制严格程度不一样。宋代,民窑贡入宫廷的贡瓷可以在市场上流通,《宋会要辑稿》:"真宗景德四年九月诏:'瓷器库除拣封桩供进外,余者……准备供进及椎物博易之用'";明中前期,官窑生产流通控制极严,稍有瑕疵即打碎埋掉。清代,官窑产品在市场上可以合法流通,唐英在乾隆八年二月十二日所上《钦定次色瓷器变价之例以杜民窑冒滥折》中谈到:"每岁每窑均有落选之件,计次色瓷货及破损等数,几与至美之件数相等"。乾隆御旨:"嗣后脚货,不必来京,即在本处变价。钦此。"

[15] 中国硅酸盐学会主编《中国陶瓷史》,第289页,文物出版社,1997年。

三十六年（1608 年）御窑厂的辍烧，政府对御窑厂的控制都是极其严格的。

从万历三十六年到康熙二十年（1681 年），由于御窑厂的衰落，民窑生产的勃兴，代表过渡期面貌的是民窑产品，因此国内外学者在讨论过渡期瓷器时把范围界定在民窑产品之内，这种范围界定对明末及清初顺治时期的情况是有效的，但对于康熙早期（1681 年以前）的情况则应注意到宫廷使用民窑贡瓷的特殊情况，有的学者干脆将这类民窑贡瓷称为康熙早期的官窑作品。这类作品在装饰风格上沿袭了万历晚期以来的过渡期青花瓷的装饰风格，而与康熙御窑厂成功恢复后的作品迥然有别。

康熙早期，1681 年臧应选成功恢复御窑厂之前，存在宫廷使用民窑贡瓷的事实。乾隆四十八年《浮梁县志》卷五："国朝康熙十三年（1674 年），吴逆煽乱，景镇民居被毁，而窑基尽圮。大定后，烧造无从……御器烧自民窑，供役虽停而结砌补葺，则仍魏氏世守，此皆陶政所关，而亦民业所系，因备记于册。"从传世实物看，康熙早期有一批署干支纪年款的器物就属于这类烧自民窑的贡器，如"康熙癸丑中和堂制"款的青花釉里红人物盘、碟与鱼藻纹碗，"康熙辛亥中和堂制"青花釉里红指日高升图盆（图 25）等均应是这时期烧自民窑的康熙贡器。"中和堂是圆明园中康熙皇帝所居殿堂。这些署干支纪年款的中和堂器，就其制作精细程度，结合康熙初不尚尊号的时代背景来鉴别，当非一般的堂名款器，而应为康熙早期的官窑产品。"[16] 从风格上看，这些中和堂的御用器显然与御窑厂恢复后康熙官窑产品风格迥异，相反，却与明末以来过渡期瓷器风格如出一辙。

"康熙辛亥中和堂制"青花釉里红指日高升图盆，满绘庭院人物，一书童遥指朝阳，寓指日高升之意。其青花淡雅明快，层次分明。从绘画技法、题材、山石植物纹样来看，这件民窑贡器与崇祯时期民窑制品同出一脉。崇祯时期，类似"加官进爵"、"指日高升"等含有吉祥寓意的装饰图案并不鲜见。青花指日高升图莲子罐与青花加官进爵图花觚是崇祯时期

[16] 耿宝昌《明清瓷器鉴定》，第 202 页，紫禁城出版社，1993 年。

图 25　清康熙　"康熙辛亥中和堂制"款青花釉里红指日高升图盆

的两件典型作品，康熙中和堂御器与它们是极具渊源关系的。

三、内外同销

如前所述，明末清初的外销青花瓷具有一种包容中西的新奇风格，它与过渡期青花瓷器风格形成的关系以及重要性前面已举实例讨论，这里不再赘言。需要强调的是，瓷器的内销外销并非截然不犯：出口瓷中，纯粹中国风格的瓷器为数不少；同时，外销瓷也颇受当时国内市场的欢迎。比如，明益宣王朱翊鈏墓出土的青花开光菱口大盘以及桂林靖江藩王墓葬群中出土的漳州窑梅瓶，均是主要用于出口的外销瓷而为国内王室贵胄所喜爱；北京地区出土的晚明青花瓷器中，有些认为是景德镇产品的类型，极有可能是漳州窑产品。漳州窑是明末清初极为重要的窑口，以生产贸易瓷为主，它就是困扰学术界多年的"汕头器"、"吴须手"、"吴须赤绘"

的产地，其产品基本外销亚洲各国及欧洲，非洲东部地区也有发现。

漳州窑是明末清初东南沿海一带外销瓷的代表性窑口，大量外销的同时，也向内地市场供货，因此，对过渡期瓷器的研究不应忽略外销瓷这一环节。

总之，过渡期瓷器的概念可从如下几个方面定位：

1. 时间：万历三十六年至康熙二十年（1608~1681年），时间跨度达73年；

2. 品类：青花瓷是主流，尤其是"上品细料器"，开创了过渡期青花瓷的独特风貌。其他诸如彩瓷、单色釉瓷等，也都具有过渡期瓷器的共性特征；

3. 产地：景德镇窑是主体，其他诸如浙江、广东、福建等地区性窑口也不容忽略；

4. 用途：有内销、外销之别。外销瓷的风格对过渡期瓷器装饰风格的形成也具有重要作用。

从目前学术界的研究兴趣来看，最具吸引力的还是过渡期景德镇民窑生产的胎釉精良，绘画精微，青花发色青翠淡雅，文人气息与世俗生活趣味浓厚，可与"龙凤御器"相提并论的"上品细料"青花瓷。限于精力和篇幅，本书仅能就过渡期青花瓷中最有特色的"上品细料器"进行深入考察，后面讨论将以此为中心展开。

工艺

一、社会需求

社会发展到明末清初已具备相当的物质积累，这时期生齿繁密，商业发达，百工之属，无所不备，新兴市镇不断涌现，市民阶层形成并壮大，景德镇当时就是一个极其繁荣的工商业城市。明王世懋《二委酉谭》："江西饶州府浮梁县，……天下窑器所聚，其民繁富，甲于一省，余尝以分守督运其地，万杵之声殷地，火光烛天，夜令人不能寝。"景德镇因窑业之繁荣，在当时竟被称为"四时雷电镇"。

更有趣的是，当时因窑利所夺，尽管民富兴教，办了很多学校，但却"绝无登第者"。这说明当时景德镇人已把从商作为实现人生价值追求的方式之一。

社会物质财富的积累达到一定程度，必定追求生活品质的精致与讲究。

明代中叶以来与日常生活相关的各种艺术门类得到相当大的发展，大到园林居室铺装，小至案头文玩清供，无不极尽精丽巧构之能事。在明人的许多著述中，记载了明中后期市民对精美生活器具追求的情况。

范濂《云间据目抄》："隆万以来，虽皂隶快甲之家，皆用细器，而徽之小木匠，争列肆于郡治中，即嫁装杂器，俱属之矣。纨绔豪奢，又以椐木不足贵，凡床橱几桌，皆用花梨、瘿木、乌木、相思木与黄杨木，极其贵巧，动费万钱，亦俗之一靡也。尤可怪者，如皂快偶得居止（址），即整一小憩，以木板装铺，庭蓄盆鱼杂卉，内列细桌拂尘，号称'书房'，竟不知皂快所读何书也！"皂隶快甲尚且讲究如此，更何况士夫官宦。

中国古典家具也是在这种社会风尚推动下，到明代中后期发展到登峰造极的地步，甚至上至帝王也对此情有独钟，天启皇帝即曾痴迷于此，甚至亲自操斤制作家具。

对瓷器的品评收藏，在明中后期文人圈子中也极为盛行。人们对生活细节如此讲究，向民窑订烧精美瓷器以供器用陈设，也是一种必然的消费趋势，消费市场追求堪与御用龙凤器比美的高质量民窑产品也是顺理成章的事。这对民窑提高瓷器烧成的工艺质量，提出了必然要求。

宋应星在《天工开物》中谈到的"上品细料"青花瓷就是民窑为顺应市场需求而生产的高端产品。而且，宋应星已将"上品细料"青花瓷与"御器龙凤纹"青花瓷相提并论，可见当时民窑产品质量之精良。

晚明清初，士夫官宦、文人墨客、富商巨贾订烧高质量民窑瓷器之风颇为盛行。这时期生产制作了大量带堂名款、纪年款、吉祥款、人名款的高质量瓷器，其数量最多的当属青花瓷器，《明清瓷器鉴定》一书辑录了这时期此类瓷器的大量款识可以参证。顺治时期，负有监造龙缸之责而未成的饶州守道王瑛即曾订烧精美的瓷器赠送友人（图26）。

二、御窑厂生产力量、技术的转化与民窑的勃兴

1. 政府势力与财力的衰弱与御窑厂的衰落

第一，政府对瓷器定货数量的裁减

明政府每年对瓷器数量的需求是巨大的。成书于嘉靖时期的《江西大志》记录了嘉靖八年到三十八年宫廷派烧御瓷的详细清单，其中数量最大的一次在嘉靖三十三年，总量竟达110030件，计：

图 26 清顺治十一年 青花加官图盘

青花双云龙花碗二万六千三百五十，青花双云龙碟三万五百，里白外青的四季花盖六千九百，青花鱼缸六百八十，磬口青白瓷瓯九千，里青川花龙边空花龙凤、外荷花鱼水藻碗一万二百，里青川花龙、边川花龙凤、外荷花鱼水藻瓯一万九千八百，青双云龙海水歇爵山盘六百，白瓷壶六千。

如此巨大的数量仅仅是朝廷一年的需求，御窑厂耗费钱财之大，可见一斑。《江西大志》称，嘉靖七年以前的御窑厂生产记录已"案毁不可考"，但是因为定期由地方官上呈北京的奏折被很好地保存下来，关于明代御窑厂生产的情况在《明实录》中有着零乱分散的记录，所以，我们今天还能看到明代宫廷对瓷器需求上的变化情况。

明代宫廷用瓷基本上仰仗御窑厂生产供给，御窑厂的生产兴衰情况直接反映着政府的财力状况。由于官窑御器烧造不计成本，精益求精，其所费钱粮是政府的一大开销，因此，在财力不济的时候，政府屡屡被迫裁减烧造数量，从明代的官方史料记载显示，早在明初宣德时期，即有因"劳民费物"而裁减御瓷烧造的记载。

《明宣宗实录》卷七十："宣德四年五月丁卯，罢饶州烧造瓷器。初，行在工部，奏遣官烧白瓷龙凤纹器皿毕，又请增烧，上以劳民费物，遂命罢之。"

接下来在景泰五年（1454年）、天顺三年（1459年）、天顺八年（1464年）、成化四年（1468年）、成化二十三年（1487年）、弘治三年（1490年）、弘治十一年（1498年）、弘治十三年（1500年）、弘治十六年（1503年）、万历十一年（1583年）、万历十二年（1584年）、万历十四年（1586年）、万历十五年（1587年）、万历三十五年（1607年），屡屡因烧造"动费不赀"而裁减烧造数量，直到万历三十六年（1608年），因政府势力与财力已无力维持御窑厂的运转而辍烧。

第二，烧造难度的降低

御窑厂生产的衰退不光表现在政府因"所费不赀"而导致定货数量的屡屡裁减，不断降低烧造难度也是衰退迹象之一。

《大明会典》卷二百零一："嘉靖二年（1523年），令江西烧造瓷器，内鲜红改作深矾红。"

矾红是一种低温红釉，以氧化铁为着色剂，烧造难度不大，而鲜红则是高温铜红釉，因铜呈色变化极不易控制，要达到纯正鲜红色调，烧成难度极大，把鲜红改为矾红，就大大降低了烧成难度。

万历十二年（1584年）三月，工科都给事中王敬民因瓷器烧造之苦与玲珑奇巧之难，奏请减免，得到皇上许可。

第三，督造官员的裁撤

明代景德镇督造御瓷之官员，朝廷例派中官担任，其间反复裁撤，到明后期随着御窑厂生产的衰落而完全废止。

《明史》"烧造"条：

成化间，遣中官之浮梁景德镇烧造御用瓷器，最多且久，费不赀。

孝宗初，撤回中官，寻复遣。

弘治十五年复撤，正德末复遣，自弘治以来，烧造未完者三十余万器。

嘉靖初，遣中官督之，给事中陈皋谟言其大为民害，请罢之……

万历后期，太监潘相奉令烧造御瓷。因他欺上瞒下，"侵夺抚按职掌，擅留不肖之王官，且不由部覆，竟得升降之旨，是抚按为赘疣而铨曹为虚设"[17]，以致"人情汹涌，台首交章纠相，遂撤回京，终明之世，中涓弗遣。"[18]

潘相在景德镇激起民变，被裁撤以后，御窑厂的生产也就逐渐废停。

第四，对外贸易主体的改变

明代瓷器的输出主要有四种方式：1.明政府对外国的赠予；2.各"入贡"国家使节回程的贸易；3.永乐、宣德年间郑和大规模的远航贸易；4.民间的海外贸易。前三种方式的贸易都是以御窑厂的产品为对象，只有到明后期，瓷器贸易的主体才有所改变，民间瓷器成为主流。

郑和的航海贸易是明初海外贸易的壮举，随郑和出使的费信在《星槎胜览》一书中记载，瓷器是交易的大宗商品。该记载虽未说明是否官窑产品，想必差不多。至于对外国的馈赠与入贡国使节的回程贸易，当是官窑产品无疑，而且明政府对这种贸易有数额限制。《大明会典》记载，弘治时期"贸易使臣进贡到京者，每人许买……青花瓷器五十副"。

到明后期，对外贸易的主体发生变化，民窑成为瓷器外贸的生力军。

隆庆时海禁开放，民间贸易迅速崛起，明张燮《东西洋考》序（周起元序）："……我穆庙（明穆宗）时除贩夷之律，于是五方之贾，熙熙水国……捆载珍奇，故异物不足述，而所贸金钱，岁无虑数十万，公私并赖，其殆天子之南

[17] 《明神宗实录》卷三四一。
[18] （清乾隆四十八年）《浮梁县志》卷一五。

库也。"海禁一开，富有竞争力的民窑产品迅速占领海外市场，以至于华南沿海为适应这一形势而兴起无数以烧外销瓷为主的窑口群。

种种迹象表明，明中后期，随着政府势力与财力的衰弱，政府对御窑厂的控制确实有些力不从心了。

2. 御窑厂生产力量与技术的分流

第一，过渡期的宫廷用瓷

万历三十六年（1608 年）御窑厂的辍烧是明代御窑厂衰落的标志，此后宫廷虽有需求，但数量极少，情况不明，目前也没发现关于明末宫廷用瓷情况的史料。由于"官搭民烧"制度的实行，有理由推断目前所见的带天启、崇祯年号款而被认为是御用的瓷器，极有可能是烧自民窑的产品。

事实上，嘉靖以来，御窑厂的产品质量已呈衰退迹象：画风渐趋粗放，修胎不讲究，器形夹扁，起棱，底足塌底等现象经常出现，尤其是大型器，工艺制作更为粗率。随着"官搭民烧"制度的实行以及政府对民窑控制的松动，到万历晚期，民窑中的高级产品质量已达到官窑瓷的质量水平甚至超过官窑，以至于宋应星在《天工开物》中还专门对民窑的"上品细料器"与"龙凤纹御器"的工艺质量及工料制作进行专门论述。到天启、崇祯时期，质量最好的青花瓷已经不是带年号款的宫廷用瓷，而是民窑中的"上品细料器"。

民窑的这种工艺质量上的优势一直保持到康熙早期御窑厂的恢复，当宫廷再一次不惜工本注重御窑厂产品质量的时候，官窑与民窑产品质量上的分界线才再一次清晰。从流传实物看，天启、崇祯、顺治三朝带年号的宫廷用瓷数量极少，且其本身真实性还并未到铁证如山的程度，至少民间或官方文献中目前没有这时期宫廷御用瓷器烧制或使用情况记载的发现。

目前，所见署天启年号款有两种类型：

第一种类型为"天启年制"青花双圈楷书款，所见作品两件：天启彩绘湖畔图碗，日本川喜田久太夫藏，此件作

图 27　明天启　青花山水人物图盘

品著录于《支那陶瓷图说》一书；另一件天启款瓷器为青花
山水人物图盘，收藏于故宫博物院（图 27）。这两件作品
款识均为青花双圈楷书款，从书法风格看，似出自一人之手，
绘画风格是典型的晚明民窑中简笔山水，制作工艺粗率，民

图 28　明天启　"大明天启年制"款青花花篮图盘

间风格浓重，不应是宫廷用器。

　　另一种类型为"大明天启年制"青花楷书双圈款，所见作品两件：青花花篮图盘（图 28），此盘藏于日本根津美术馆，从其规矩繁密的绘画风格与明亮的青花色调看，应是宫廷御用器；另一件青花松竹梅杯（图 29），六字楷书款，故宫博物院藏，《明清瓷器鉴定》著录，定为"官窑中玲珑小品的典型"。值得注意的是，天启一朝仅七年，而两器款识书法风格却差异巨大，此玲珑小杯款识风格比青花花篮图盘更为粗放，是否官窑玲珑小品，值得商榷。

　　署崇祯、顺治年号款瓷器更为稀见，《太仓仇氏抗希斋曾藏珍品》图录收入一件"大明崇祯年制"青花地留白缠枝莲纹盒（图 30），绘画风格近嘉靖、万历官窑，而底足修胎却有康熙特征。《明清瓷器鉴定》也著录一件青花达摩香炉，这件作品署崇祯年号款，曾被认为是康熙时期作品。从目前认识看，它是很典型的明末"上品细料器"，是否宫廷用瓷，不好轻易判断，但与仇氏所藏青花圆盒风格差异太大。顺治时期的情况，从文献记载看，初期屡烧龙缸、栏、板等大器不成，御窑厂建制也并未恢复成功，但小件器的烧

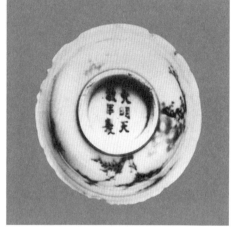

图 29　明天启　青花松竹梅杯　　　　　　图 30　明崇祯　青花地留白缠枝莲纹盒

造供御也并非不可能，惜流传作品极其稀见而不能详知其面貌。

　　总之，天启、崇祯、顺治三朝宫廷用瓷情况模糊不清，缺乏准确的文献支持；传世带年号款实物之来源与用途也同样缺乏足够说服力，宫廷用瓷烧自民间是可以推断的。

　　第二，御窑厂的佣工制度及其与民窑的技术交流

　　明代御窑厂的佣工制度实行匠役制。御窑厂所需劳力有两类，一类是具有生产技能的官匠，一类是当辅助工的普通劳力。其中官匠约有 300 余人，又分两类，一是"上班匠"，景德镇在籍的匠籍户例派四年一班到南京工部上班，按规定，这些上班匠在完成一次烧造任务后即可归去。上班匠在服役期间，被编入御窑厂的 23 个作。即：

　　一、大碗作，作头 4 名，匠 20 名；二、碟作，作头 2 名，匠 16 名；三、盘作，作头 3 名，匠 20 名；四、印作，作头

2名，匠16名；五、钟作，作头2名，匠1名；六、酒盅作；七、锥龙作，作头4名，匠11名；八、写字作，作头1名；九、画作，作头4名，匠19名；十、匣作，作头3名，匠24名；十一、泥水作，作头1名，匠18名；十二、色作，作头3名，匠13名；十三、大木作，作头4名，匠35名；十四、小木作，作头2名，匠19名；十五、船木作，作头2名，匠13名；十六、铁作，作头3名，匠30名；十七、竹作，作头1名，匠9名；十八、漆作，作头1名，匠3名；十九、索作，作头1名，匠8名；二十、桶作，作头1名，匠8名；二十一、染作，作头1名；二十二、东礁作；二十三、西礁作。

官匠中的另一类是"雇役"，主要是指数量较少的敲青匠、弹花匠、裱背匠以及烧龙缸的龙缸大匠和绘画的匠师。上班匠和雇役按例给付工食。"今各作募人，日给工食银三分五厘；各窑募役，龙缸匠、敲青匠日给银三分五厘。"[19]另外，当辅助工的普通"编役"，有所谓的"上工夫"和"砂土夫"等，基本上都从饶州府所属七个县编派。

从御窑厂的佣工分类看，其人员流动性较大，而其来源基本上是景德镇及其周边地区民窑中的技术工匠和劳力，这种四年一班的匠役制以及雇役方式促进了民窑与官窑相互间的生产技术以及人员的交流。这种基于匠役制的佣工制度以及嘉靖以来实行的"官搭民烧"的生产方式，为民窑追赶并领先御窑厂的生产技术创造了前提；加之因政府势力财力的衰弱，御窑厂的衰落与辍烧，御窑厂的生产技术与人员开始流向民营窑业；以前对民窑控制极严的各种禁忌得以松弛；海禁的开放，国外市场的巨大需求与国内市场的兴旺，更加刺激了民窑的生产能力。

种种因素的作用下，过渡期瓷器生产在御窑衰落的同时却焕发了民间窑业的勃勃生机。

第三，御窑厂生产方式的变化

明后期，御窑厂的生产疏于管理，以致宿弊尤多。诸如原料以次充好、偷盗成风、虚开冒领等现象屡见不鲜。

"景镇利之所在，群奸并集，有可言者如回青打之无法，

[19]（明）王宗沐《江西大志·陶书》。

47

散之无方，真青每插于杂石，奸徒盗于衣囊，料价则各府解数每盈，而支数不及。上限之物料，以俟之下限。旧管之银不清，而人托交代，歧动多冒破。夫头作头合朋为奸，于上工、砂土夫妄开虚数。"这些积弊导致"官民业已不同，官作趣辨塞责，私家竭作保俑，成毁之势异也"[20] 的局面。

因此，到嘉靖时期，因官窑烧造效率低，成本大，御窑厂的生产方式逐渐转为"官搭民烧"的方式。"官匠因循，管厂之官乃以散之民窑，历岁相仍，民窑赔偿，习以为常。""今遇烧造，官窑户辄布置民窑，而民窑且不克事也。斯官匠独习惯其制，悬高价以市之，而民窑益困匮矣。"[21]

官搭民烧制度，形成于明嘉靖时期。明代官窑分钦定、部定两种。钦定是指御用器，定时解运京城；部定瓷主要用来做赏赉器，没有解运时间。从宣德年间开始，因工部所属的营缮所丞管理工匠，御窑厂在政府系统应属工部营缮所管辖，每年通过工部颁发的烧造瓷器的额定任务，称为"部限"。但是，在"部限"以外往往由于宫廷的需要又加派烧造任务，这种额外的加派称为"钦限"。嘉靖以后，瓷器烧造数量激增，御窑厂只烧部限任务，而所谓钦限任务，则采用官搭民烧的办法，分派给民窑完成，成器后，要经过御窑厂的严格挑选，如民窑无法完成定额或烧坏，则要高价购买御窑厂的部限瓷来赔偿。

"官搭民烧"对民窑是一种残酷的剥削，但客观上确也促成了御窑厂的生产力量与技术进入民窑，从而使民窑生产无论在质量上还是效率上都更具竞争力。

三、制瓷技术的演进

1. 青花瓷艺术的两个高峰期——元末明初与明末清初

王朝交替之际相继出现两个青花瓷艺术的高峰期是一个十分有趣的文化现象。元末明初与明末清初都是社会动荡的调整时期，然而青花瓷的烧造却取得了极高的艺术成就。

[20] （明）王宗沐《江西大志·陶书》。此句意思是官窑烧造敷衍塞责，而民窑则竭尽全力精心搞好瓷器烧造，成功和失败的结局也就因此不同了。

[21] （明）王宗沐《江西大志·陶书》。

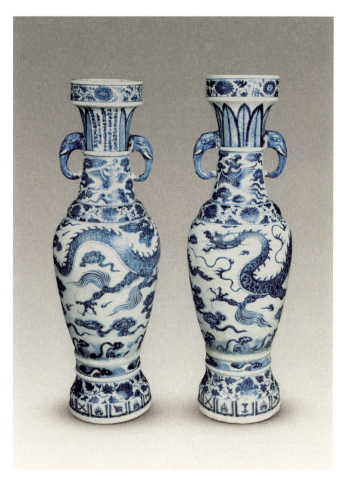

图31 元至正 "至正十一年"青花云龙象耳瓶

元末明初的高质量青花瓷包括元末的至正型官窑青花与明初洪武、永乐、宣德三朝官窑青花；明末清初即以过渡期的"上品细料"青花瓷为代表。

代表元青花最高成就的是以英国大维德基金会所藏"至正十一年"青花云龙象耳瓶为标准器的至正型青花（图31）。它几乎是在元代晚期突然成熟起来，而且主要用于外销至埃及、土耳其、伊朗等伊斯兰国家，这从元青花的装饰风格即可看出端倪，它们基本上都带有中亚细密画的风格特征（图32）。

至正型官窑元青花存世量极小，国内仅存100余件，且多数为窑藏出土；国外200余件，主要收藏在两处：一处是土耳其伊斯坦布耳的托普卡比博物馆。三上次男在《陶瓷之路》中对这里的收藏曾发出感叹："一进陈列室，马上

图 32　元　青花六出海水如意杂宝纹花口盘

就可以看到从 13 世纪下半叶的南宋到元、明时期的各种色
彩美丽的青瓷，同时还可以看到 14 世纪元和明初的青花，
令人赞叹的大盘和碗，花纹十分精美。完整的至正型元青花
在世界上为数不多，据说总共不过 200 件，可在这里就集中
了 80 多件。"至正型青花的另一处收藏地是伊朗德黑兰考
古博物馆，这里陈列着 37 件元青花精品。另外，埃及的福
斯塔特遗址曾出土了不少精美的元青花残片。福斯塔特遗址
是开罗的前身，12 世纪毁于战乱。三上次男从废墟中拣出
12000 余片的中国瓷片，其中有数百片元代青花，纹饰有云
龙、牡丹、凤、莲瓣等类型。

　　明初洪武青花在发色上较元青花偏灰，纹饰图案也
不如元青花繁密严谨，但总体面貌与元青花差别不大（图
33）。出土于明初功臣沐英墓中著名的元青花作品"萧何月
下追韩信"青花梅瓶曾被误认为是明初产品（图 34）。

图 33 　明洪武　青花灵芝竹石纹大碗

　　永宣时期，青花瓷胎釉较元代更为精细，只是画风已
疏朗得多，很多装饰纹样疑出自宫廷画家之手，此时的青花
以其胎釉精细、青花浓艳、造型多样、纹饰优美而负盛名，
被称为我国青花瓷的黄金时代。

　　永宣以后，青花瓷的艺术成就和工艺质量呈下降趋势，
当然，这只是总体趋势，并不排除个别时期生产出高质量
的作品。比如成化、弘治，甚至嘉靖、万历，御窑厂部分
作品仍是值得称道的。到过渡期，民窑青花异军突起，青
花瓷的工艺质量达到了历史最高水平，尤其是康熙青花，
其胎质之细腻，施釉之紧薄莹亮，青料呈色层次之丰富及
随心所欲的发色控制，表明青花瓷在工艺质量上达到顶峰。
随手翻拣明清时期陶瓷的史籍文献，发现那时人们对明初以
及明末清初这两个青花瓷的黄金时期作品的赞誉比比皆是，
这种称道不只停留在工艺质量和经济价值的层面上，而是上

图34　元　青花萧何月下追韩信梅瓶

升到对美学风格讨论的高度。

　　明谢肇淛《五杂俎》卷十："……然惟宣德款制最精，距迄百五十年，其价几与宋器埒矣；嘉靖次之；成化又次之。……宣窑不独款式端正，色泽细润，即其字画，亦皆精绝。余见御用一茶盏，乃画'轻罗小扇扑流萤'者，其人物毫发具备，俨然一幅李思训画也。"

　　宣德青花中人物纹饰本已罕见，能做到毫发具备的程度，更是绝品。由于钴料发色特性以及烧成温度较高的原因[22]，永宣青花具有色斑沉淀、青料晕散、釉面起橘皮纹的工艺特征，这种特征在表现人物纹饰方面有很大难度，故永宣青花纹饰罕见人物。此轻罗小扇扑流萤茶盏能达到人物毫发具备的程度，可见其烧成工艺之高超。

　　明田艺衡《留青日札》卷六："宣德之贵，今与汝敌，而永乐、成化亦以次重矣……今宣窑兴而与汝争价，亦足

[22]　由于青花瓷胎中高岭土与瓷石配比比例不同，宣德青花瓷和嘉靖、万历青花瓷相比，在相同致密烧结的情况下，烧成温度更高。

观也。"

明董其昌《骨董十三说》："本朝宣、成、嘉三窑，直欲上驾前代。"

明陈贞慧《秋园杂佩》："国朝窑器最精者，无逾宣、成二代，宣乃不及成，宣则鸡纹粟起，佳处易见；成则淡淡穆穆，饶风致，如食橄榄，颇有回味。"

明袁宏道《瓶史》："养花瓶亦须精良，譬如玉环飞燕，不可置之茅茨……但得宣成等窑瓷瓶各一二枚，亦可谓乞儿暴富也。"

明王世懋《二委酉谭》："永乐宣德间内府烧造，迄今为贵。其时以棕眼甜白为常，以苏麻离青为饰，以鲜红为宝。"苏麻离青就是永宣官窑青花所用的青花钴料，它与国产青料高锰低铁的成分不同，属于高铁低锰型，烧成后青花发色鲜艳，有铁结晶斑，坳入胎骨，而成为一种独特的美学特征。

明李日华《紫桃轩杂缀》："浮梁人昊十九者，能吟，书逼赵吴兴，隐陶轮间，与众作息。所制精瓷，妙绝人巧。尝作卵幕杯，薄如鸡卵之幕，莹白可爱，一枚重半铢，又杂作宣、永二窑，俱逼真者。而性不嗜利，家索然，席门瓮牖也。"昊十九是晚明制瓷名家，也善仿永宣二窑作品，可见当时人们对永宣青花的倾慕之情。

明高濂《燕闲清赏笺》对永乐、宣德、成化与嘉靖的青花之优劣做过评述："若我明永乐年造压手杯……杯外青花深翠，式样精妙，传用可久，价亦甚高。若近时仿效，规制蠢厚，火底火足，略得形似，殊无可观。……余意青花，成窑不及宣窑；五彩，宣庙不如宪庙。宣窑之青，真苏渤泥青也，后俱用尽，至成窑时，皆平等青也。""世宗青花、五彩二窑制品悉备，奈何饶土入地渐恶，较之二窑往时代不相侔。"高濂对宣德、成化青花、五彩成就高下之品评，应该是较公允的。

明沈德符《敝帚斋剩语》："本朝窑器，用白地青花，间装五色，为今古之冠。如宣窑品最贵，近日又重成窑，出

宣窑之上。盖两朝天纵，留意曲艺，宜其精工如此……至嘉
靖窑，则又仿宣、成二种而稍逊之。"

可以看出，明代学者在品评本朝窑器时，并不吝啬他
们的溢美之词，尤其推重明初永宣时期的青花作品，当然成
化青花也深受好评。

对历代青花名瓷的品评，清代学者基本沿袭前朝的审
美标准，同时，对本朝康熙青花，也十分推崇。

清王棠《知新录》："窑器所传……其品评之高下，
首成窑，次宣，次永，次嘉。"

清叶梦珠《阅世编》："瓷器，除柴、定、官、哥诸
窑而外，惟前朝之成窑、靖窑为最美，价亦颇贵。崇祯初时，
窑无美器。……顺治初，江右甫平，兵灾未息，瓷器之丑，
较甚于旧……至康熙初，窑器忽然精美，佳者直胜靖窑。
而价亦不甚贵，最上不过值银一钱一只而已。自十三年甲
寅之变，江右盗贼蜂起，瓷器复贵，较之昔年，价逾五倍，
美者又不可得，大概移窑于近地，工巧与泥水，种种不同。
……至二十七年戊午，豫章底定，窑器复美，价亦渐平，几
如初年矣。"

一般认为，康熙青花分为早、中、晚三期，最优秀的
康熙青花是中期产品。中期青花是指康熙二十年（1681年）
至康熙四十五年（1706年）之间的青花器。"此时的造型
与品种，都达到了青花器的制作高峰，尤其是娇艳青翠、清
新明快的色调，层次分明的色阶，更为历代所罕见。" [23]
而康熙早期青花，则认为"发色深沉、灰暗，或者迷混。绘
画风格也较多的受明代影响，画意粗犷，苍古浑朴。" [24]
对康熙青花作如上的分期和判断，基本上没有问题，但叶梦
珠的记载中提到"康熙初，窑器忽然精美，佳者直胜靖窑。"
可见康熙初期的青花色调不完全是深沉灰暗，应有发色青翠
鲜亮的作品，否则，不可能达到"佳者胜靖窑"的程度，因
为嘉靖青花本就以回青为呈色剂，已是极鲜亮的钴蓝发色。
实际上，顺治时期已有发色极佳的青花瓷，康熙初期的中和
堂御器青花色调也达到了极其青翠淡雅的程度。至于叶梦珠

［23］耿宝昌《明清瓷器鉴
定》，第210页，紫
禁城出版社，1993
年。

［24］耿宝昌《明清瓷器鉴
定》，第208页，紫
禁城出版社，1993
年。

认为"崇祯初时，窑无美器"是有失偏颇的，从近来越来越多的崇祯瓷被剥离发现来看，其精美程度不逊康窑。

总之，康熙青花在清代人的眼中是"独步本朝"，到清晚期更是备受宠爱，以致仿品如云，常见的如康熙花觚、冰梅罐等，晚清光绪仿品尤多，几可乱真。

2. 制瓷技术的演进

瓷器质量的不断进步有赖于制瓷技艺的不断演进。明末清初，由于历代制瓷技艺的积累与发展，青花瓷的烧造达到新的技术高度。工艺方面，瓷胎原料的淘炼与配方，釉石釉灰的配制，青花钴料的提纯，装烧方法的进步，窑炉结构的改进，在明末清初都达到了新的水平；工序分工方面，产生了极其细致而专业的分工；绘画技法方面，分水法的广泛应用，给瓷器装饰带来新的风格。青花瓷发展到明末清初具有的高质量的工艺品质和极高的艺术成就，是以制瓷技艺在晚明清初的高度发展为前提的。

（1）胎

① 配方

早期的陶瓷在胎土选取上都是就地选土，由于各地所产原料只适合烧制某类陶瓷，因此，才有我国陶瓷的品种与特征存在南北地域上的分野。比如印纹硬陶、原始瓷和青釉瓷首先在我国南方地区烧制成功，而白釉瓷首先在我国北方某些地区烧制成功的事实就与就地选土方法存在着因果关系。

在制胎原料的选择配制上，我国南北陶瓷的发展也经历了不同的途径，"北方是从易熔黏土发展到高岭土和长石的配方，在南方则是从易熔黏土配方经过瓷石质黏土配方到瓷石加高岭土的配方。在选用原料的同时又逐渐认识到原料的粉碎和淘洗作用，从而提高了原料的纯度和工艺性能。"[25]

对景德镇制胎原料情况记载最早的文献是元代蒋祈的《陶记》[26]：

进坑石泥，制之精巧；湖坑、岭背、界田之所产已为次矣。

[25] 李家治主编《中国科学技术史·陶瓷卷》，科学出版社，1998年。

[26] 关于《陶记》的成书年代，熊寥和刘新园先生各有见解。刘新园先生有《蒋祈〈陶记〉著作时代考辨——兼论景德镇南宋与元代瓷器工艺、市场及税制等方面的差异》一文，认为《陶记》成书于南宋，《中国科技史·陶瓷卷》支持这一论点。熊寥先生有《蒋祈〈陶记〉著于元代辨》一文，针对刘新园先生论点，从《陶记》所涉及的建制、职官、税目、税制、制胎、装饰、装烧、市场等方面一一详作考辨，认为《陶记》写成于元代英宗至治壬戌到泰定帝泰定乙丑，即1322～1325年之间，对于这一论点，夏鼐、傅振伦、邓白、冯先铭诸先生都表示认同。

比壬坑、高砂、马鞍山、磁石堂、厥土、赤石，仅可为匣模，工而杂之以成器，则皆败恶不良，无取焉。

据白焜《蒋祁〈陶记〉校准》的研究，《陶记》中所载进坑、湖坑、岭背、界田、壬坑等地名可与今天的地名相对应，而且也分别是瓷石、釉石及匣钵原料的产地[27]。从《陶记》的记载可知，历史上景德镇制瓷曾采取一元配方的方法，即瓷石质黏土的配方。瓷石是一种主要含有石英和绢云母矿物组成的岩石，其中绢云母是由水白云母的一种细颗粒组成，它既具有适当的可塑性，又具有相当的助熔作用。《陶记》中所谓"进坑石泥，制之精巧"，即是说进坑的瓷石，可制成精美的瓷器，这是典型的一元配方工艺。我国南方各省盛产瓷石，景德镇周围及其邻近地区亦有许多瓷石矿区，历史资料中记载的进坑、湖坑、岭背、界田以及祁门等瓷石矿产地，在今天的景德镇周围可找到它们的确切位置。

由于瓷石中 Fe_2O_3 和 TiO_2 的含量较少，因此，用它制造的瓷器外观洁白，而且有半透明感。景德镇宋代的青白瓷烧制即采用以瓷石为原料的一元配方工艺[28]，具有胎质洁白、透影性好的特点。但只用瓷石为胎制成的瓷器存在工艺上的缺陷：由于瓷胎中含有大量的玻璃相，使瓷器烧成时容易变形。景德镇宋代影青瓷烧造变形的情况就较多见。

由于一元配方的工艺缺陷，须在瓷石中加入高岭土来克服这些缺陷，这就是二元配方。崇祯十年宋应星的《天工开物》中，"土出婺源、祁门两山。一名高粱山，出粳米土，其性坚硬；一名开化山，出糯米土，其性粢软，两土和合，瓷器方成"的记载是瓷器制胎瓷石加高岭土二元配方工艺最早的文献记载[29]。这说明，瓷器制胎瓷石加高岭土的二元配方工艺发展到明末过渡期才成为一种完全成熟的工艺而被总结成书。

从传世实物看，嘉靖万历时期官窑产品工艺渐趋粗糙，尤其是万历时期，器形夹扁及塌底现象多见，这种工艺缺陷应该与瓷胎配方工艺有关，而过渡期的"上品细料器"绝无器形变形的情况，也应该与瓷胎二元配方的工艺成熟有关。

[27] 刘新园《蒋祈〈陶记〉著作时代考辨》，载《景德镇陶瓷》之《陶记》研究专刊，1981年。

[28] 中国硅酸盐学会主编《中国陶瓷史》第342页，文物出版社，1997年

[29] 成书于嘉靖三十五年的王宗沐《江西大志·陶书》对瓷器制胎有过一段记录："陶土出浮梁新正都麻仓山，曰千户坑、龙坑坞、高路坡、低路坡，为官土。土质坯匀，有青黑缝、糖点、白玉、金星色（他如寺前绸花、东北、百牛、岩南、李塅、墩口、鄱阳县仪城土相类，无诸色样，不堪，为假土）。麻仓官土，一百斤值银七分，淘净泥五十斤，晒得干土四十斤。至镇若干里雨运（陆运：冬秋水干，四日；春水一日半）。余干不土八十斤值二钱。婺源不土九十斤值八钱，淘过净泥七十二斤，至镇若干里海逄。石末出湖田（和官土，造缸取其坚）。"这段记录反映明代中叶景德镇窑场形成了"麻仓土和湖田石末"的制胎工艺。据德窑博士考证（《中国陶瓷与中国文化》第264页，浙江美术学院出版社，1990年）。麻仓土不是高岭土而是瓷石，湖田出产的石末，属于石

56

从蒋祈的《陶记》到宋应星《天工开物》，二者时间跨度从元末到明末，相差数百年，这期间的制胎工艺发展情况如何，目前尚未有这方面的文献发现，但从实物看，元代景德镇窑烧制的影青瓷，尤其是青花瓷，不乏形制体量较大的器物，如果仅以瓷石一种原料制胎，恐怕难以烧成。因此，瓷石加高岭土的二元配方工艺在元代应该自觉或不自觉地已经用于生产实践，只是到了明末清初过渡期，才完全成熟定型成为一种工艺普遍应用并被总结成书。

瓷胎中 Al_2O_3 所占比例的大小是判断瓷石加高岭土二元配方工艺产生的依据。一般来讲，如果瓷胎中的 Al_2O_3 含量超过 20%，即可证明掺用了高岭土[30]，因为单靠胎土的淘洗是达不到这种比例的。瓷胎中 Al_2O_3 含量的增加可以提高瓷器的烧成温度，减少烧成时的变形，增加瓷器的强度而成为改善瓷器质量的必由之路。景德镇制瓷工艺进步最基本的措施就是遵循这一规律而逐步完成的。

增加 Al_2O_3 的含量可由以下几个途径达到：其一，采用含 Al_2O_3 较高的瓷石；其二，增加淘洗程度，使原料的细颗粒部分增多；其三，在配方中加入高岭土。但"只有在配方中掺用高岭土才可能实现景德镇瓷胎中 Al_2O_3 含量的大幅度提高"[31]，高岭土的引用是景德镇制瓷工艺发展至关重要的一步。相关测试资料显示[32]，直到万历后期，景德镇瓷器胎质中 Al_2O_3 的含量才稳定到 20% 以上，这也正是过渡期瓷器质量优良的重要原因之一。而在此之前，瓷胎中 Al_2O_3 含量大部分低于 20%，只有成化瓷例外。在元代作品中，有部分测试标本的 Al_2O_3 含量在 20% 左右徘徊，这说明，瓷石加高岭土的配方在元代已经产生，但在瓷器制作中工艺并不成熟，直到万历后期，对高岭土的性能才有了准确认识而成为一种成熟工艺。据中国科学院冶金陶瓷研究所周仁先生测试，清初康熙时期瓷胎的 Al_2O_3 含量竟高达 26%~27%[33]。这是清代景德镇高岭土掺和瓷石制胎工艺完全定型的表现。按照旅居景德镇的法国传教士昂特雷科（中文名殷宏绪）寄回法国的信笺记载，清初康熙年间，

英一类矿物，因此以麻仓土和湖田石末制胎，造尤缸取其坚的配方工艺与高岭土掺和瓷石的制胎工艺是完全不同的两种方法。

[30] 李家治主编《中国科学技术史·陶瓷卷》，第 332 页，科学出版社，1998 年。

[31] 李家治主编《中国科学技术史·陶瓷卷》，第 331 页，科学出版社，1998 年。

[32] 李家治主编《中国科学技术史·陶瓷卷》，第 327 ~ 329 页 表 10-2，科学出版社，1998 年。

[33] 周仁等著《景德镇瓷器的研究》，第 4 页，科学出版社，1958 年。

景德镇陶工对高岭土掺和瓷石制胎的配比是："要做细瓷，则高岭和白不子等量相配；要做中等瓷，则将高岭和白不子的配比为四比六，但高岭和白不子的配比最小为一比三"[34]。

康熙以后，景德镇一切瓷器的烧造，俱用二元配方工艺，《南窑笔记》："一切瓷器坯胎骨子，俱用合泥做造。"这种方式一直沿用至今。

②淘洗

景德镇制瓷工艺发展过程中，除了胎土配方的改进外，对原料淘洗的精益求精也是提高瓷器质量的重要途径。

制瓷用的高岭土和瓷石先是在原料产地制成不子，但它不能直接用来制瓷，必须经过淘洗后才能使用，淘洗后的原料称为精泥，它与未经淘洗的不子在化学成分上有较大区别。周仁、郭演仪、李家治诸先生对景德镇制瓷原料的明砂高岭和祁门瓷石的不子和精泥做过化学成分分析，见下表[35]：

经过淘洗的原料从化学成分上看，Al_2O_3 的含量有所升高，而 Fe_2O_3、TiO_2 和 MnO 等着色杂质和 K_2O、Na_2O 等助熔氧化物的含量都有所降低，特别是 Fe_2O_3 和 TiO_2 含量的降低对提高瓷器质量是十分必要的。

对制胎原料的淘洗采用沉降法，这种方法在明末清初的过渡期得到广泛应用。

宋应星《天工开物》："其土做成方块[36]，小舟运至镇。造器者将两土[37]等分入臼，春一日，然后入缸水澄。其上浮为细料，倾跌过一缸，其下沉者为粗料。细料缸中再取上浮者，倾过为最细料，沉底者为中料。既澄之后，以砖砌方长塘，逼靠火窑，以借火力。倾所澄之泥于中，吸干然后重用清水调和造坯。"

从这段记载看来，明末的"上品细料器"的胎土配方比例是高岭土和瓷石"等分入臼"各占50%，而且经过数次沉降淘洗，取粗料、中料、细料中质量最好，颗粒最细的细料来造坯。从康熙时期旅居中国的法国人殷宏绪的信笺看，康熙时最好的瓷器也是严格按这个比例配方来生产的，

[34] 昂特雷科（殷弘绪）著、王景圣译《给中国和印度教会会计奥日神父的信》，载《中国陶瓷》1978年第1期。

[35] 周仁等著《景德镇瓷器的研究》之《景德镇制瓷胎釉的研究》，第15页，科学出版社，1958年。

[36] 指"不子"。

[37] 指高岭土和瓷石。

表　制胎原料化学成分

氧化物	含量（%）			
	明砂高岭		祁门瓷石	
	不子	精泥	不子	精泥
SiO_2	49.65	47.69	73.05	69.93
Al_2O_3	33.82	36.01	15.61	17.65
Fe_2O_3	1.13	0.99	0.56	0.66
TiO_2	0.05	0.04	0.09	0.07
MnO	0.33	0.14	0.02	0.01
CaO	0.33	0.40	1.82	2.11
MgO	0.23	0.25	0.34	0.40
K_2O	2.70	2.51	3.75	4.61
Na_2O	1.03	0.15	0.58	0.54
烧失	10.84	11.12	3.87	4.31
总量	100.11	100.10	99.69	100.29

"要做细瓷，则高岭和白不子（祁门瓷石）等量相配；要做中等瓷，则将高岭土和白不子的配比为四比六，但高岭和白不子的配比最小为一比三。"

从胎土配方工艺的发展来看，明末清初二元配方工艺的成熟定型是过渡期青花瓷质量达到历史高水平的重要前提。

（2）釉

同样在蒋祈的《陶记》里，最早提到了釉的制法："攸山山槎灰之，制釉者取之，而制之之法，则石垩炼灰，杂以槎叶、木柿，火而毁之，必剂以岭背釉泥而后可用。"

这里的"釉泥"即是配制釉浆的釉石或釉果。这段记载不仅指出了釉灰的制法，而且指出釉浆是由釉石加釉灰配制而成。釉石是未风化或浅风化的瓷石，其中助熔剂含量较高，从化学组成看，它主要含有 SiO_2、Al_2O_3、Na_2O、CaO；釉灰须加工配制，"景德镇的陶瓷学者们曾在原产地寺前进行一次传统制备釉灰的考察，并作了详细研究。他们指出釉灰的制备是选用较纯的石灰石，敲成适当大小，堆装于石灰窑内，以槎柴或杂木为燃料先烧成生石灰，经过消解使其转变成熟石灰，然后再在炼灰场内用狼萁（一种广泛生长于我国长江以南各山区的蕨类植物，而不是一般所说的凤尾草）隔层与熟石灰堆叠成均 1 米高的长方堆，一般为 2×3 个自然层，然后点火煨烧。待余火熄灭后，再将此产物与狼萁用前法堆叠煨烧。如此连续三次，即成釉灰。"[38] 对釉的具体配制方法，历代文献中记载不尽翔实。除元代蒋祈的记载外，明嘉靖时期《江西大志·陶书》只简单提及"用釉水炼灰合成"。宋应星有更进一步的记载："凡饶镇白瓷釉，用小港嘴泥浆和桃竹叶灰调成，似清泔汁（泉郡瓷仙用松毛水调泥浆，处郡青瓷釉未详所出）。"乾隆时期的御窑厂督陶官唐英根据自己的实践经验编写的《陶冶图说》中，将釉的配制工艺说得最为详细："陶制各器，惟釉是需，而一切釉水无灰不成其釉，灰出东平县，在景德镇南百四十里。以青白石与凤尾草迭叠烧炼，用水淘洗即成釉灰。配以白不细泥，与釉灰调和成浆，稀稠相等，多按瓷之种类以成方加减盛之缸内，用曲木棍横贯铁锅之耳，以为舀注之具，其名曰'盆'，如泥十盆、灰一盆为上品瓷器之釉；泥七八而灰二三为中品之釉；若泥灰平对灰多于泥则成粗釉。"

由于各个时期配制釉浆的釉石矿源不同，釉灰制法不一，釉石与釉灰配制比例有别，导致釉浆化学成分的差别，体现在烧成工艺特征上也就形成了不同的外貌特征。

景德镇传统的制釉方法是以釉石加釉灰配制而成，以 CaO、K_2O、Na_2O 等作为助熔剂，因釉石与釉灰的配制比例不同而形成不同性质的釉。釉灰中主要成分为 CaO，当釉灰含量较多时，就称之为钙釉；由于釉石中 K_2O、Na_2O 的含量比 CaO 高，所以，当釉的配方中使用较多的釉石，则有可能使釉中的助熔剂改变为以 CaO 和 K_2O、Na_2O 共同起主要作用，甚至以 K_2O、Na_2O 为主，就形成了钙碱釉和碱钙釉。

从景德镇历代白釉瓷的化学成分上看，从早期五代、

[38] 李家治主编《中国科学技术史·陶瓷卷》，第 322 页，科学出版社，1998 年。

宋代一直到明代，瓷釉中的 CaO 含量从 15% 下降到 5%，清初更是低至 3%~4%；反之，K_2O 和 Na_2O 的含量则呈递增趋势。

CaO 的减少可以提高瓷釉的烧成温度，而 K_2O 和 Na_2O 的增加却可以提高瓷釉的光洁莹润度和显色效果，从而达到提高瓷器质量的目的。

显然，五代和宋代瓷釉中的助熔剂主要是 CaO，性质为钙釉；到元、明时期，釉中的 K_2O、Na_2O 和 CaO 共同起助熔剂作用，有时甚至超过 CaO 的作用而成为钙碱釉和碱钙釉。由于景德镇瓷釉历来是以釉石配釉灰的方法制成，因此釉中 CaO 含量的减少说明釉灰的用量在减少。从烧成工艺特征上看，釉灰用量的减少可以提高瓷釉的烧成温度，再由于釉灰中着色氧化物 Fe_2O_3 随着釉灰用量的减少而减少，从而可以提高釉的白度，瓷釉中 K_2O 含量的增高则可有效提高釉面莹润光亮程度，更利于增加青花瓷外观和青花色料的显色效果。因此，景德镇瓷釉质量的改进，是在釉的配方中减少釉灰用量的方法来实现的。

明代的文献记载中，没有发现配制瓷釉时对釉石与釉灰配制比例进行有意识控制的记载，直到清代，唐英才在《陶冶图说》中提到釉灰用量的多少对瓷器质量的影响："……泥十盆、灰一盆为上品瓷器之釉；泥七八而灰二三为中品之釉；若泥灰平对、灰多于泥则成粗釉。"

据对明代各个时期的官窑、民窑青花瓷标本瓷釉成分的测试[39]，明代民窑青花瓷釉与官窑相比，青花瓷釉中影响烧成质量的化学成分 CaO、K_2O、Na_2O 在早、中期具有明显区别，官窑瓷釉质量明显优于民窑，而在明代晚期的嘉靖、万历时期，官窑与民窑瓷釉成分已十分接近，这与晚明清初一方面御窑厂走向衰落，另一方面民窑却迅速发展的态势，民窑与官窑技术与人员的交流，官搭民烧制度的实行，外销市场竞争的激烈等因素有极大的关系。

晚明清初，无论在质量、产量、技术上，民窑都在赶超官窑产品。笔者认为，至少在崇祯时期，民窑的技术优势

[39] 李家治主编《中国科学技术史·陶瓷卷》，第 377 页表 11-9，科学出版社，1998 年。

已经得以确立，并一直保持到清初御窑厂的成功恢复，它的代表作品就是过渡期的"上品细料"青花瓷。

（3）青料

① 研究现状

青料是一种含钴的矿物色料。青花瓷就是利用这种钴矿原料作呈色剂，经绘画上釉后在高温下一次烧成，呈蓝色彩饰的釉下彩瓷。历代青花色料使用情况的变化最能体现青花瓷工艺技术特征与艺术特色的演变。

对青花钴料的研究许多学者从不同角度取得成果。早在20世纪50年代，中国科学院冶金陶瓷研究所的周仁、李家治，轻工业部硅酸盐工业管理局的李国桢、赖泮林，景德镇陶瓷研究所的潘文锦等诸位先生就做过钴土矿的拣炼和青花色料的配制实验，他们根据文献记载以及对明清青花瓷实物标本的成分分析，用传统的方法对青料进行淘洗、煅烧、拣选、研乳、配制、绘彩与上釉烧成，初步摸清了传统青料的化学成分以及影响青料呈色的各种因素[40]。

20世纪80年代，傅振伦先生从文献角度考证了青料在我国使用的历史，并详述了我国文献记载中各种青料的不同名称以及它们的外观特征、矿物组成和矿物产地[41]。

汪庆正先生《青花料考》一文[42]也从文献角度把我国古代青花钴料的使用情况进行了系统梳理。

从考古发现来看，青花瓷的生产起始于唐，由宋入元而完全成熟，明清时期则大放异彩。从青料的使用情况看，明清时期青花钴料的使用品种是最复杂、艺术特征最丰富的时期。关于这方面的文献记载也比较翔实。

② 历史上青花色料的使用情况

结合文献和实物可以发现，中国青花瓷使用料的情况从唐到元都比较单一，入明以后就异常复杂起来，文献记载名目繁多，有无名异、无名子、赭石、黑赭石、苏泥勃青、苏麻离青、回青、西域大青、佛头青、平等青、陂塘青、石子青、石青、大青[43]等各种青料的名称。

这一方面说明明清两代青花瓷烧造的繁荣，另一方面

［40］ 周仁等《景德镇瓷器的研究》之《钴土矿的拣选和青花色料的配制》，第71～81页，科学出版社，1958年。

［41］ 傅振伦《中国古陶瓷论丛》，第151～158页，中国广播电视出版社，1994年。

［42］ 汪庆正《青花料考》，载《文物》1982年第8期。

［43］ 傅振伦《中国古陶瓷论丛》，第151～158页，中国广播电视出版社，1994年。

说明明清两代青花瓷生产在青料矿源寻找、加工、提纯、配制等技术上的高度成熟。

1975 年在江苏扬州唐城遗址由南京博物院等单位首次发现了一块菱形朵花图案装饰的青花釉下彩瓷枕残片，这就是唐青花的发现。有的学者经过与巩县白瓷的胎釉组成的对比研究[44]和青花色料分析[45]，确认了唐青花生产窑口为河南巩县窑，其青料为河北和广西所产，出自河北的可能性最大。但从近年来出水于马来西亚海域的两条唐代货船的大量长沙窑外销瓷中，竟有四件完整唐青花出现，从形制、胎釉、青料特征、绘画技法看，可确定为长沙窑产品。看来，对唐青花产地的确认，有进一步探讨的必要。

据对龙泉县北宋太平兴国二年的金沙塔基和绍兴环翠塔基出土的宋青花瓷片标本研究，龙泉金沙塔基出土的青花瓷片钴料为浙江江山地区的钴土矿[46]。

20 世纪 70 年代初，元大都遗址发掘出土了许多珍贵的陶瓷器物，其中有许多青花瓷片，经过与湖田窑青花瓷片对比测试，发现元青花所用色料属低锰高铁类型，与国产钴土矿高锰低铁型相比有显著差异[47]。它的来源据说是从波斯传入，但这种说法不能得到相应矿物存在的证实。美国学者为了探讨中国青花色料的来源，经仔细查阅地质资料认为，没有迹象证明在波斯和俾路支（巴基斯坦）发现有钴矿，只是在 20 世纪初期才有铜钴矿的发现[48]，它与元青花高铁低锰型青花钴料成分并不相同。据陈尧成、郭演仪、陈虹对元青花料的进一步分析，证明元青花色料是一种无铜、镍的含硫、砷的高铁低锰钴矿[49]。据资料调查显示，这种钴矿来源可有两个途径，一是中亚和欧洲，一是我国的甘肃、新疆一带。近年来，低锰类的钴矿在甘肃金昌已被发现并用于开采。甘肃、新疆是我国丝绸之路所经之地，因此，有学者认为我国元青花色料是从西域即月氏传入，西域月氏乃是现在的甘肃中部、西部和东部及敦煌和张掖地区[50]。因此，元代景德镇青花色料从西域进口，实际上很可是来自甘肃、新疆一带的钴矿原料。还有一条资料可做旁证，明代回青有从新

[44] 张志刚、郭演仪、陈尧成《唐代青花瓷与三彩钴兰》，载《景德镇陶瓷学院学报》1986 年第 1 期。

[45] 陈尧成、张福康、张筱微等《唐代青花瓷用钴料来源研究》，载《中国陶瓷》1995 年第 2 期。

[46] ~ [50] 李家治主编《中国科学技术史·陶瓷卷》，第 370、372、374 页，科学出版社，1998 年。

疆进供的记载，也许，从元代或者更早的唐代，西域的青料就沿着丝路源源进入中原，直到万历中期以后回青的告绝。

入明以后，青花色料使用情况文献记载累累。早至成书于宣德三年的《宣德鼎彝谱》，晚至崇祯十年的《天工开物》，基本上能比较清楚地反映出明代各期青花瓷中青花色料的使用情况。结合文献记载和对青花色料的分析结果，可将明代各朝使用青花色料的类型和来源归纳如下：

第一，洪武官窑青花所用色料是高铁低锰型钴矿，与元代青花色料属同一类型钴矿，但洪武青花在发色上色泽灰暗，不及元青花浓艳鲜亮，当由烧成工艺欠缺所致（图35）。关于洪武官窑青花料的来源，《青花料考》与《中国陶瓷史》认为当是国产[51]，结合上面提到陈尧成、郭演仪、陈虹的研究，似可推断洪武青料产自我国新疆、甘肃一带。

第二，永宣时期青花使用两种青料，一是进口的"苏泥勃青"，一是国产钴料。这时期还存在同一件器物同时使用两种青料的情况。关于宣德时期官窑使用进口料的记载首先见于万历十七年（1589年）以前成书的王世懋《窥天外乘》："宋时窑器，以汝州为第一，而京师自置官窑次之。我朝则专设于浮梁县之景德镇。永乐宣德间内府烧造，迄今为贵。其时以鬃眼、甜白为常，以苏麻离青为饰，以鲜红为宝。"高濂《遵生八笺》之《燕闲清赏笺》也曾记载宣德时青料的情况："宣窑之青，乃苏泥勃青也。后用俱尽。至成窑时，皆平等青也。"宣德时期国产料产于浙江，而且用浙料的器物传世数量较多。

第三，从景德镇珠山御窑厂成化地层出土实物的外貌观察，成化青花有两类（图36、37）。一类发色浓艳，有金属结晶斑；一类色调淡雅，无结晶斑现象。它与成化早期官窑使用进口苏麻离青，中后期改用江西乐平的陂塘青（平等青）的传统说法是相互印证的。

但有学者根据对部分成化官窑青花标本的测试，发现 Fe_2O_3/CaO 和 MnO/CaO 比值偏低，由此推断此类青花与元代所用高铁低锰型青花色料不同，是"进口回青和国产料混

[51] 汪庆正《青花料考》，载《文物》1982年第8期；
中国硅酸盐学会主编《中国陶瓷史》，第370页，文物出版社，1997年

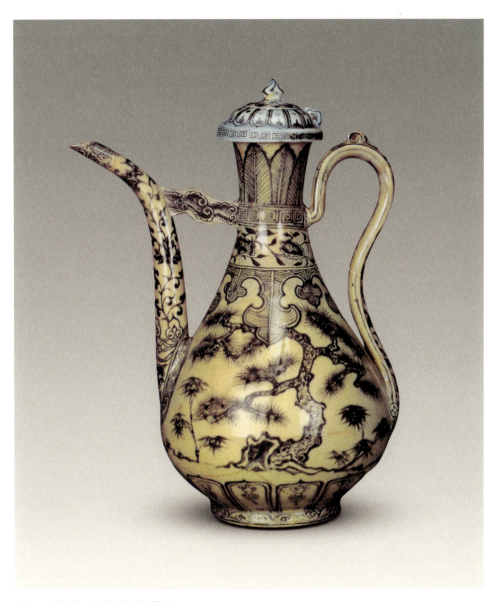

图 35　明洪武　青花松竹梅纹执壶

用的结果，这也是色料使用上的创新"[52]。

　　这种判断值得商榷：无论从传世或出土的成化青花作品来看，尚未发现有"蓝中带紫"的回青发色现象，此为疑点之一；其二，关于回青的使用情况，明代文献记载很明确。王世懋《二委酉谭》："我朝专设于浮梁县之景德镇。永乐宣德间内府烧造，迄今为贵。……至成化间所烧，尚五色，炫烂然。而回青未有也。回青者，出外国，正德间，大珰（有权势的宦官）镇云南得之，以炼石为伪宝，其价初倍黄金。

[52] 李家治主编《中国科学技术史·陶瓷卷》，第 378 页，科学出版社，1998 年。

图36　明成化　青花双凤莲纹碗

图37　明成化　青花莲荷水草纹碗

已知其可烧窑器，用之果佳。嗣是阖镇用之。"此段记载明确指出，成化时期青花不用回青料，到正德时才作为一种名贵青料用于青花瓷烧造。

王世懋，字敬美，江苏太仓人，嘉靖三十八年进士，隆庆朝分守南康、九江。他对时隔不远的成化青花料的记载可信度很高。万历时期黄一正《事物绀珠》的记载与王世懋的说法一样。同样是嘉靖时期的王宗沐《江西大志·陶书》："陶用回青，本外国贡也。嘉靖中遇烧御器，奏发工部，行江西布政司贮库时给之。每扛重百斤（旧陂塘青产于本府乐平一方。嘉靖中乐平格杀遂塞。石子青产于瑞州诸处，回青行，石子遂废）"。

可见，成化时曾用回青做青料的说法不能得到文献的支持。

但两种青料同时用于一器的情况有存在的可能，但不是回青和国产料的合用，而是苏麻离青与国产料的合用。这种工艺在宣德作品中屡见不鲜。成化早期，苏麻离青逐渐告绝，用国产青料和苏麻离青合用一器的做法只是对宣德青花工艺的继承，也谈不上是"色料使用上的创新"。

至于有些成化青花标本 Fe_2O_3/CaO 和 MnO/CaO 比值偏低的情况是否表明当时青料使用存在另一种方法，即两种色料混合配制成一种色料使用，而不是分开使用于同一器物？

两种色料混合使用的方法在嘉靖时已成为一种成熟工艺，且有明确文献记载，《江西大志·陶书》："回青淳则色散而不收，石青加多则色沉而不亮。每两加石青一钱，谓之上青，四六分加谓之中青……中青用以设色，则笔路分明，上青用以混水，则颜色青亮"。所以，如果两种色料调合使用的方法能解释成化青花中 Fe_2O_3/CaO 和 MnO/CaO 比值偏低的现象，那么两种青料混用的工艺在成化时就可能已经出现，也确实是色料使用上的创举。当然，这只是一种推断，有待实验的进一步证实。

第四，正德十年刊行的《瑞州府志》卷五记载："上高县天则岗有无名子，景德镇用以绘画瓷器。"这是景德镇在正德时期用国产青料瑞州无名子的明确记载。嘉靖时，因进口回青的采用，石子青就被废弃不用了，但仍作为配料配合回青使用。《江西大志·陶书》"石子青产瑞州诸处，回青行，石子遂废。"正德后期，回青取代石子青："回青者，出外国，正德间，大珰镇云南得之，以炼石为伪宝，其价初倍黄金。已知其可烧窑器，用之果佳，嗣是阖镇用之。"（明王世懋《二委酉谭》）

第五，嘉靖一朝，回青大为盛行，但并不单独使用，而是与"石青"配合使用。《江西大志·陶书》："回青淳则色散而不收，石青加多则色沉而不亮。每两加石青一钱，谓之上青，四六分加谓之中青……中青用以设色，则笔路分明，上青用以混水，则颜色青亮。真青混在坯上，如灰色，然石青多则黑。"这是将两种青料混合调制使用，用来改善青料发色性能的明确记载，是色料使用上的技术进步。这里提到的"石青"是"石子青"的简称，而非绘画用的颜料之"石青"，在《江西大志·陶书》同一段记载中："……研乳三日，每两回青加石子青十分之四同研，是谓中青；十分之一是谓混水。"

第六，万历时期有两种情况，一类为使用进口回青料，其用法与嘉靖同。中国历史博物馆"金色宝藏——西藏历史文物选萃"展展出一件万历青花云龙罐，此罐是典型的回青发色，蓝中泛紫，极鲜亮，罐底青花书款"万历丁亥年造，黔府应用"。丁亥为万历十五年，此罐的确切纪年，让我们看到万历早期官窑青花的发色特征（图38）；另一类则直接用国产钴土矿，经精选加工后使用，产地主要以浙江为主。《明神宗实录》卷三百零一："万历二十四年八月癸未，先是奏回青出吐鲁番异域，去京师万余里，去嘉峪关数千里。而御用回青系西域回夷大小进贡，买之甚难。因命甘肃巡抚田东设法召买进，以应烧造急用，不许迟误。"可见，这时期回青已得之甚难。在回青的产地问题上，这段记载与嘉靖王世懋"得自云南"的说法不一，有待进一步研究。《神宗实录》的记载当更可信。

至少在万历三十四年，官窑青花已完全改用国产青料了。《明神宗实录》卷四百一十九："乙亥，江西矿税太监潘相，以矿撤销，移驻景德镇。上疏请专理窑务，又言描画瓷器须用土青，惟浙青为上，其余庐陵、永丰、玉山县所出土青颜色浅淡，请变价以进。从之。"

第七，崇祯时亦用浙料，但从实物发色看，万历时期浙料发色不如崇祯时期青翠鲜艳，崇祯时期青花发色最好的是"翠毛色"，这种色调在万历作品中很难看到，究其原因，

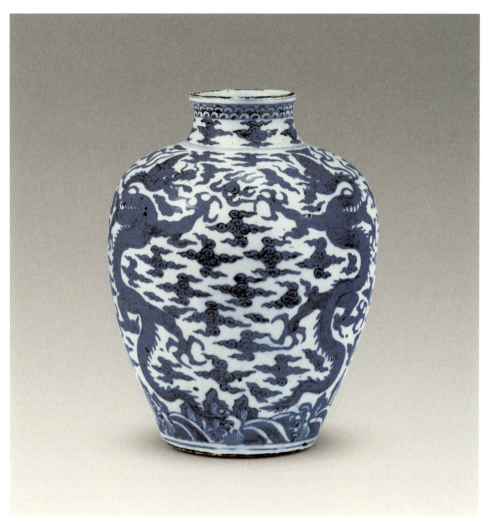

图38　明万历　"万历丁亥年造，黔府应用"款青花云龙纹罐

可能与青料的加工技术有关。

《天工开物》："凡画碗青料，总一味无名异。此物不生深土，浮生地面，深者掘下三尺即止，各省直皆有之。亦辨认上料、中料、下料。用时先将炭火丛火煅过。上者出火成翠毛色，中者微青，下者近土褐。上者每斤煅出只得七两，中下者依次缩减。如上品细料器及御器龙凤等，皆以上料画成，故其价每担值银二拾四两，中者半之，下者十之三而已。凡饶镇所用，以衢、信两郡山中者为上料，名曰浙料，上高诸邑者为中，丰城诸处者为下也。凡使料煅过之后，以乳钵极研，然后调画水。调研时色如皂，入火则成青碧色。"

崇祯以前，对青料的拣选用水选法，而崇祯时改用煅烧法，这是青料提纯方法的技术进步，也是崇祯国产青料发色更加青翠的原因。

③清初浙料的使用与珠明料的使用时代

从晚明开始，浙料逐渐成为景德镇青花瓷最主要的用料，这种以浙料为贵的情况一直延续到清乾隆时期。

成书于清初的《南窑笔记》非常详细地记载了清初青花料的产地和品种优劣：

"料有数种，产于浙江、江西、两广，以出于白土者为上品，红土次之，沙土最下。其制法：选择好者洗净入窑燥一昼夜，乳极细，去其土锈，即今画碗之青花料也。其浙料有元子、紫料、天青各种，而江西有筠州丰城，至本朝则广东、广西俱出料，亦属可用，但不耐火，绘彩入炉则黑矣，故总以浙料为上……若江西料差次于浙料，而广料又次于江西矣。"

成书于乾隆八年的唐英《陶冶图说》也较详细地记述了清初青料产地：

"瓷器无分圆琢，其青花者，有宣、成、嘉、万之别。悉借青料为绘画之需，而霁青大釉亦赖青料配合。料出浙江绍兴、金华两郡所属诸山。采者赴山挖取，于溪流洗去浮者，其色黑黄、大而圆者为顶选，名为顶圆子，俱以产地分别名目。贩者携至烧瓷之所，埋入窑地锻炼三日，取出淘洗始售卖备用。其江西、广东诸山间有产者，色泽淡薄不耐锻炼，止（只）可画染市卖粗器。"

可见，明末以来直至乾隆，浙料始终是优质青花器的首选青料。

但有的学者在研究清初康熙时期青花用料时，认为在最优质的康熙青花中，存在使用产于云南的珠明料的情况[53]。但珠明料根本不见于清初的文献记载。

清初《南窑笔记》与乾隆时期《陶冶图说》对清初青料使用情况记载均很详细，均未提到云南珠明料的情况。对云南出产珠明料的最早记载是成书于嘉庆二十的《景德镇陶录》：

[53] 耿宝昌《明清瓷器鉴定》，第208页，紫禁城出版社，1993年、
张浦生《青花瓷器鉴定》，第116页，书目文献出版社，1995年。

"青料为画瓷之用，而霁青、东青各釉色，亦需料配合，以浙江出者为上，云南、广东及本省各处亦产此。"

许多学者推断，云南珠明料的使用已是乾嘉年间的事。"近代景德镇所用上等青料是云南所产，谓之珠明料，据文献（指《景德镇陶录》）记载，清朝乾嘉年间已经采用，不过当时将它和广东、江西所产者并提，不以为上料。""《陶冶图编次》是乾隆八年（1743年）写成，由此可知雍乾时所用青料是浙江产的。康熙、雍正是衔接的朝代，康熙青花，至少是康熙晚期制品，所用青料很可能和雍正所用青料同一来源。"[54]据周仁、李家治及云南金马瓷厂张诚先生对珠明料的研究，发现云南珠明料只是在化学成分上与浙料十分相近[55]。因此，在青花发色上十分接近，很可能被研究者误认为在康熙时期就已经使用了珠明料。

④ 青料提纯与配比工艺的发展与明末清初的技术高度

历代青花瓷的青料发色色调和特征差别很大，因为它们并非使用纯氧化钴作为呈色剂，而是使用天然钴矿作为色料，不同类型的钴矿又因矿源产地和矿物类型的不同所含成分大有差别。青花的色调和特征主要取决于所用钴矿中含钴、铁、锰、铜、镍等着色氧化物的含量多少及其比例。同时，矿物中硅、铝氧化物含量和所用釉的成分以及烧成温度的高低等因素，对色调的变化也有一定影响。

天然钴矿的成分往往分散性很大，即使同一矿源所产的成分也相当不一致，特别是钴土矿更是如此，因此同一矿源又常根据产物的品位分成不同等级，在生产使用前加以拣选和加工处理，以使含钴量有所富集以提高其发色质量。

从青花瓷的发展历史看，为了提高青花瓷色料的呈色质量，景德镇的制瓷工匠对青料采取了两种技术手段处理，一是提纯，一是配比。提纯的方法有拣选、淘洗、煅烧、研磨等各种手段；配比有两种色料的混合与使用添加剂的方法。

明嘉靖以前虽然缺乏对青料进行技术处理的文献记载，但对青料进行技术处理的情况是肯定存在的，嘉靖以后至清

[54] 周仁等著《景德镇瓷器研究》之《钴土矿的拣炼与青花色料的配制》，科学出版社，1958年。

[55] 张诚《青花颜料初探》，载《文物》1982年第8期；周仁等著《景德镇瓷器的研究》，第73页，科学出版社，1958年；李家治主编《中国科学技术史·陶瓷卷》，第383页，科学出版社，1998年。

初，对青料的拣选加工技术得以发展成熟并屡屡见诸文献记载。

嘉靖时期的《江西大志·陶书》记载了当时对青料进行提纯和配比的方法。

当时对进口回青料的提纯分为"敲青"和"淘青"两个工序，敲青即"首用锤碎，内朱砂斑者为上青，有银星者为中青，每斤可得青三两"；淘青即"敲青后取其苛零琐碎碾碎，入注水中，用磁石引杂石，其青沉淀，每斤可得五六钱。"这就是对青料提纯所谓的"水选法"。

经过提纯的回青不能直接用于"画青"，因为"回青淳则色散而不收"，纯用回青晕散现象严重，由于当时的工匠在生产实践中熟练掌握了各种青料的呈色性能，为了解决回青的呈色缺陷，他们采用两种青料混合配比使用的工艺，而且不同的配比比例能得到不同的发色效果，即"（回青）每两加石青一钱，谓之上青，四六分加谓之中青……中青用以设色，则笔路分明，上青用以混水，则颜色青亮"。

对两种青料进行配比使用的工艺，如前所述，在成化时期就有出现的可能，宣德和成化早期的青花作品中，用苏麻离青和国产青料同绘一器的情况是有实物为证的，到嘉靖时期发展成青料配比的方法，体现了景德镇青花瓷青料技术处理的发展和进步的过程。

崇祯时期，对青料的加工出现了新的技术。

宋应星《天工开物》："凡画碗青料，总一味无名异，……用时先将炭火丛火煅过，上者出火成翠毛色，中者微青，下者近土褐。上者每斤煅出只得七两，中下者依次缩减……凡使料煅过之后，以乳钵极研，然后调画水。调研时色如皂，入火则成青碧色。"这就是青料提纯的"煅烧法。"

入清以后，对青料的加工提纯基本上沿用明代崇祯时期的工艺。

唐英《陶冶图说》："料出浙江绍兴、金华两郡所属诸山。采者赴山挖取，于溪流洗去浮土，其色黑黄、大而圆者为顶选，名为顶圆子，俱以产地分别名目。贩者携至烧瓷之所，埋入窑地锻炼三日，取出淘洗始售卖备用"，"青料炼出后，尤须拣选，有料户一行专司其事，料之黑绿润泽光色俱全者乃为上选，于仿古、霁青、青花细釉用之；色虽黑绿而鲜润泽者，为市卖粗瓷之用；至光色全无者，性薄炼枯悉应选弃。""画瓷所需之料，研乳宜细，粗则起刺不鲜。每料十两为一钵，专供乳研，经月之后始堪应用。"

可见，清初对青料的加工拣选在沿用明代工艺的基础上，分工更加专业，加工更加精致，出现了专门从事青料加工的"料户"，其市场分工更加商业化和专业化。而且对青料的研乳程度更非明代能比，嘉靖时对青料"研乳三日"即可画青，到清初，则研乳"经月之后始堪应用。"

从"水选法"到"煅烧法"，是青料提纯工艺上的进步，加上青料研乳的日趋细腻，使得明末清初尤其是康熙时期青花瓷烧出了有史以来最为纯正鲜亮的钴蓝发色——"翠毛蓝"以及极其丰富的浓淡层次，这种成就的取得与青料提纯的技术进步密不可分。

另据研究发现，康熙青花呈现纯蓝色，不泛紫，不晕散，与色料中 Al_2O_3 含量高有密切关系。实验证明，提高色料的 CoO、Al_2O_3 含量，降低 MnO、Fe_2O_3 含量，可使青花色彩达到康、乾青花的效果[56]。可以推断，清代康熙所用青花色料除采用精选和煅烧以及充分研细等工艺外，还在色料中掺用一定量的高岭土以提高 Al_2O_3 的含量，改进青花色彩的性能，达到更好的显色效果。

（4）窑炉结构的改进与装烧方法的进步

①窑炉结构的改进

景德镇历代瓷窑的烧成温度和烧成方法在不同时期有所不同。随着原料和配方的逐步改进，烧成温度逐步提高；烧成温度的提高又和窑炉结构的改进及烧成方法的进步有密切关系。

据考古调查发现，景德镇宋元时期窑炉结构为龙窑，明代早期到中期主要是葫芦形窑以及马蹄形窑（图39）[57]。《江西大志·陶书》记载了嘉靖时期官窑、民窑的窑制情况：

[56] 周仁等著《景德镇瓷器研究》，第79～80页，科学出版社，1958年。

[57] 刘新园、白焜《景德镇湖田窑考察纪要》，载《文物》1980年第11期。

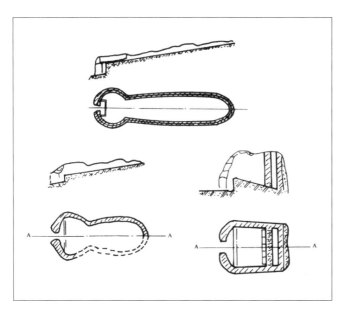

图 39　景德镇历代窑炉结构示意图

"陶官窑五十八座，除缸窑三十余座烧鱼缸外，内有青窑，系烧小器；有色窑造颜色，制圆而狭，每座只容烧小器三百余件，用柴七八十杠。民间青窑约二十余座，制长阔大，每座容烧小器千余件，用柴八九十杠，多者不过百杠。"

青窑是烧成质量较高的瓷窑。可以看出，嘉靖时期不同质量、大小的瓷器是在不同形制的瓷窑中烧成的。同样是青窑，官窑与民窑在形制上有很大区别：官窑"制圆而狭"，民窑则"制长阔大"。民窑的产量是官窑的三倍有余，但在烧成质量上，民窑不及官窑："官窑烧造者，重器一色，前以空匣障火。官窑之器淳，民窑之器杂，制由异也（形制不同）。官窑砌欲固，涂欲密，使火气全而陶气易熟，不至松薜……"

明末，烧造瓷器的瓷窑基本上不存在官窑与民窑形制上的差别了，取而代之的是根据瓷器大小、精粗、用途的不同而进行结构、大小不同瓷窑的更加专业化的分工。

崇祯时期，有专门烧造价值并不太高的陶器的缸窑和瓶窑："凡缸窑不平于地，必于斜阜山冈之上，延长者或二三十丈，短者亦十余丈，连接为数十窑，皆一窑高一级，

图 40 　《天工开物》瓶窑连接缸窑

盖依傍山势，所以驱流水湿滋之患，而火气又循级透上……其中苦无重值物，合并众力众资而为之也。"从《天工开物》的插图可以看出，这种缸窑和瓶窑基本上是龙窑的一种变体（图 40）；当时烧造价值较高瓷器的是另一种瓷窑，从形制上看，这种窑与清初蛋形窑非常接近了（图 41）。唐英《陶冶图说》记载了清初瓷窑的形制："长圆如覆瓮，崇广并丈许，深倍之。上覆瓦如屋，曰窑棚。烟突立其后，崇二丈余，在窑棚外。"

　　蛋形窑是明末清初景德镇瓷器最辉煌时期的产物。"这种瓷窑的应运而生有其历史和技术渊源，它独特的结构和高效的热工技术不仅在我国陶瓷技术史上起过重要的作用，而且对欧洲早期陶瓷炉窑的设计也产生过影响。"[58]可以说，明末清初高质量青花瓷的烧成是与这种结构独特，具有高效

［58］李家治主编《中国科学技术史·陶瓷卷》，第 172 页，科学出版社，1998 年。

图41 《天工开物》瓷器窑

热工技术瓷窑的出现分不开的，由于它的杰出性能，这种瓷窑一直沿用到 20 世纪 50 年代初，并被称为"景德镇窑"。

瓷窑的结砌，在明末清初是一项非常专业的技能，这种分工的细化从侧面也反映了当时窑业技术的高度发达。乾隆四十八年《浮梁县志》记载清初有魏氏一族精于这种造窑："而窑之高、异、阔、狭、大小、浅深，暨夫火堂、火栈、火眼、火尾之规制，种种不一，精其工而供其役者，为景镇魏氏专其业，而得其佳，元明以来无异也。……他族无与也。"

②装烧方法的进步

景德镇历代瓷窑的装烧方法也是一个渐进改进的过程，经历了五代支钉迭烧、宋初的装匣仰烧、宋代中期的装匣支圈覆烧、宋代后期支圈带匣覆烧、元代装匣迭烧和仰烧（图42），到元以后，装匣仰烧的工艺逐渐改善，其装烧工艺能

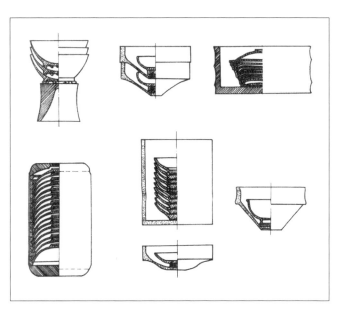

图 42　景德镇历代窑具及装烧方法

使器皿达到除底足边沿无釉外全部满釉，方法是用瓷质垫饼来隔离器物和匣钵，这样一方面不会污染器足，另一方面还能避免由于器足与匣钵随烧成温度的提高两者膨胀系数不同而变形[59]。由于这种工艺的先进性使它一直沿用到现在。

　　除用垫饼隔离外，景德镇民窑青花中也系用细砂来间隔，由于采用这种方法在坯体成型施釉后足端的釉被擦得很干净，故底足极少有粘砂现象，即使有，也极其细微。与同时期模仿景德镇而粘砂普遍的漳州窑青花瓷相比，景德镇青花的装烧工艺无疑是极其精细而讲究的。

　　在宋应星的《天工开物》中，记载了明末景德镇窑的装烧方法："凡瓷器经画过釉之后，装入匣钵（装时手拿微重，后日烧出，即成坳口，不复周正）。钵以粗泥造，其中一泥饼托一器，底空处以沙实之。大器一匣装一个，小器十余共一匣钵。"《天工开物》里记载的装烧方法就是元代以后形成的垫饼和细沙装匣仰烧的方法。从传世实物上看，明末清初过渡期的高质量青花瓷的底足处理是极其精细而讲究的，偶见极其细微的粘砂现象，这种高质量的工艺特征是与装烧工艺的改进不无关系的。

[59] 傅宋良、朱高健、彭景元《漳州窑青花与景德镇民窑青花》，载《福建文博》1999年增刊。

3. 分工的细化与专业化

明末清初，由于政府势力与财力的衰退，御窑厂的衰落，政府对民营瓷的控制日益松弛，民窑获得了巨大的发展空间；加之商品经济发达，隆庆以来海禁开放，民窑更得到国内外巨大的市场需求的刺激，其生产规模日益扩大。万历后期，景德镇已成为一个因制瓷而繁荣的手工业城市，民营瓷业异常发达。嘉靖时，"浮梁景德镇民以陶为业，聚佣至万余人"[60]。至万历时，这个数字翻了几倍，"镇上佣工……每日不下数万人"[61]，以至当时景德镇"万杵之声殷地，火光烛天，令人夜不能寝，戏目之曰四时雷电镇"[62]。

在当时全国各大传统窑场日趋衰落的情况下，景德镇制瓷业可谓一枝独秀，"合并数郡，不敌江西饶郡产"[63]，景德镇成为名副其实的全国制瓷中心，吸引了来自全国各地的制瓷艺人，产品行销国内外。清初沈嘉徵《窑民行》诗云："景德产佳瓷，产品不产手，工匠来八方，器成天下走……"当年之盛况，可见一斑。为了适应这种大规模商业化生产，制瓷业分工的日益专业化也就成为必然；同时由于制瓷技术的进步，市场对高质量瓷器的需求，陶瓷制作的生产工序也日趋繁复而精细。

文献记载嘉靖时期，窑制各有分工，官民俱同，烧不同品种的瓷器有不同类型的瓷窑：

"陶官窑五十八座，除缸窑三十余座烧鱼缸外，内有青窑，系烧小器；有色窑造颜色，制圆而狭……民间青窑约二十余座，制长阔大，每座容烧小器千余件……"[64]

清代朱琰《陶说》与蓝浦《景德镇陶录》对明代晚期景德镇御窑厂的窑制与分工均有更为具体详细的记载：

"旧制[65]，窑有六……作有二十三……"，"为窑式六，曰青窑，曰龙缸窑，曰风火窑，曰色窑（烧炼颜色者），曰爁熿窑（窑制大小不一，厂坯上釉用火爁烘，有漏釉者，再上釉入窑烧），曰匣窑（厂匣皆先空烧，再装坯烧）"，"为

[60] 《明世宗实录》卷二四〇。
[61] （清光绪）《江西通志》卷四九。
[62] （明）王世懋《二酉委谭摘录》。
[63] （明）宋应星《天工开物·陶埏》。
[64] （明）王宗沐《江西大志·陶书·窑制》。
[65] 指清代以前（明朝）景德镇御窑厂的烧造制度。

陶务作二十有三，曰大器作，曰小器作，曰仿古作，曰雕镶作，曰印作，曰画作，曰创新作，曰锥龙作，曰写字作，曰色彩作，曰漆作，曰匣作，曰染作，曰泥水作，曰大木作，曰小木作，曰船作，曰铁作，曰竹作，曰索用，曰桶作，曰东碓作，曰西碓作"。

可见，嘉靖以来御窑厂除窑有专烧之外，厂内的分工也已经非常细致。与官窑技术不相上下的民窑其分工也越来越专业，工艺也日趋繁复。宋应星《天工开物》较为详细地列举了晚明崇祯民窑瓷器生产的工艺流程，计有舂土、澄泥、造坯、汶水、过利、打圈、字画、喷水、过锈（釉）、装匣、满窑、烘烧等各道工序（图43），并感叹："共计一坯之力，过手七十二，方克成器，其中细微节目尚不能尽也。"

清初基本沿袭了明代旧制，宫廷对瓷器生产工艺十分重视，为了更为科学地总结陶瓷生产的工艺流程，首次以政府的力量将陶瓷生产工艺流程绘图配文，是为《陶冶图编次》。

乾隆八年五月二十二日，唐英《遵旨编写陶冶图说呈览折》："……乾隆八年四月初八日，由内廷交出《陶冶图》二十张，奉旨：'着将此图交与唐英，按每张图上所画系何技业，详细写来，话要文些。其每篇字数要均匀，或多十数字，或少十数字亦可。其取土之山与夫取料、取水之处，皆写明地名，再将此图二十幅，按陶冶先后次第编明送来。钦此。'"

陶冶图二十张，为乾隆时期宫廷画家所绘，《国朝院画录》载："《陶冶图》凡二十则，末幅款臣孙祜、周鲲、丁观鹏恭画，左方戴临书'陶冶说'，款臣戴临敬书，前幅书序并录画目，后署督理九江钞关内务府员外郎臣唐英恭编。"《陶冶图编次》以图文并举的形式将明代以来至清前期瓷器生产的工艺流程作了科学总结，较之前朝文献更为详尽而完备，计有采石制泥、淘炼泥土、炼灰配釉、制造匣钵、圆器修模、圆器拉坯、琢器做坯、采取青料、拣选青料、印坯乳料、圆器青花、制画琢器、蘸釉吹釉、旋坯挖足、成坯入窑、烧坯开窑、圆琢洋彩、明炉暗炉等工艺流程。

图43 《天工开物》瓷器汶水、过利、打圈、过锈（釉）工艺

总之，随着制瓷技术的发展，分工日趋专业化，工艺流程更加细化，瓷器生产在过渡期成为商业化、社会化程度很高的手工产业。如前所述，明中晚期在御窑厂内已有多达23种的专业分工，而过渡期的民窑则围绕这一产业，形成了各种不同的专业作坊，有柴户、槎户、匣户、砖户、白土户、青料户、篾户、木匠户、桶匠户、铁匠户、修模户、盘车户、乳钵荡口户、打篮户、炼灰户、镞刀户等，瓷器生产从御窑厂的独立生产方式走向了社会协作；同时，景德镇陶瓷生产的从业人员也形成了不同的专业技术分工，如：淘泥工（兼炼泥工）、拉坯工、印坯工、镞坯工、画坯工、春灰工、合釉工（有配灰者，有合色者）、上釉工（有蘸上者，有吹上者）、挑槎工、抬坯工、装坯工、满搌工、烧窑工（俗呼把庄，然分三手，有事溜火者，有事紧火者，有事沟火者）、开窑工、乳料工、春料工、砂土工、彩之工（乳颜料工、画样工、绘事工、填彩工、烧炉工）等。

过渡期瓷器生产具有如此专业的分工和繁复精细的工艺流程，保证了过渡期青花瓷优秀的工艺品质。

4. 技法的创新

瓷器的釉上、釉下彩绘装饰是对绘画语言的借用，三者在技法上有相通之处。早至唐代长沙窑釉下彩绘，宋代磁州窑"铁锈花"（釉下黑彩），到元青花以及明代早期青花，在瓷绘技法上都突出线条的造型与审美功能。

青花瓷的装饰在明中期以前，"一笔点染"是青花瓷绘技法的主流。

传统绘画从明中期开始，水墨本身干湿浓淡的层次变化所带来的美感越来越彰显无遗，作为明清瓷绘艺术代表的青花瓷，对这种绘画上审美趣味的新动向也立即跟进，在成化时期的青花作品中，双钩填色的绘画技法开始大量出现，对青花料进行浓淡设色成为有意识的追求。发展到晚明清初，青花瓷的装饰艺术有与传统绘画合流的倾向，这时期传统水墨画除了讲究线条的书法美感外，越来越注重水墨的干、湿、浓、淡、焦所谓墨分五色的变化。晚明以来，许多青花作品的青花发色层次浓淡变化比明中期作品要丰富得多，青花发色层次的丰富与颜色的鲜亮与否成为判别瓷器好坏的最重要的标准，这与晚明清初笔墨至上的绘画审美标准是暗合的。至康熙时，这种追求达到极致，青料有头浓、正浓、二浓、正淡、影淡之分，青花发色层次多者竟达十数层，有"青花五彩"之美誉。

青花瓷的这种艺术风格上的变化依赖于瓷绘技法的创新。"分水法"的应用改变了"一笔点染"技法的青花层次单调的现象。《陶冶图说》总结了彩料的调色之法："其调色之法有三：一用芸香油，一用胶水，一用清水。盖油色便于渲染；胶水所调便于拓抹；而清水之色便于堆填也。"从文献记载看，青料以水调色，用水量不同而形成浓淡不一的发色层次。《江西大志·陶书》记载了回青的使用方法："回青淳则色散而不收，石青加多则色沉而不亮。每两回青加石青一钱，谓之上青，四六分加谓之中青。中青用以设色，则笔路分明；上青用以混水，则颜色青亮。"

混水，又称分水，是青花操作工艺之一，即在勾好的轮廓线内，用含水量为82%~96%的青料填色，叫做混水。混水时，以笔吸满料水，依照所画轮廓线进行填色，色分深浅，料水也有浓淡。《天工开物》只简单记载了青料调画之法："凡使料煅过之后，以乳钵极研，然后调画水，调研时色如皂，入水则成青碧色。"至少是清初，为了进一步追求青花丰富的发色层次，瓷器的画染发展成为两个独立的工序："青花绘于圆器。一号动累百千，若非画款相同，必致参差互异。故画者只学画而不学染；染者，只学染而不学画，所以一其手而不分其心。画者、染者各分类聚处一室，以成其画一之工。"只有这样，康熙青花青幽丰富的发色才可能达到令人醉心的程度，后人才对它有"独步本朝"的赞誉。

许多学者对分水法应用于瓷器绘画出现的时间有不同看法[66]。

由于青料以水调色，所以料分浓淡是一种必然现象，

[66] 黄云鹏、甄励在《景德镇民间青花瓷器》一书中谈到成化民窑青花时："画法上开始出现了染色，俗称分水，即先以深料勾上纹样轮廓，再以不同浓度的青料在轮廓线内渲染，好似绘画中的单线平涂，使花纹产生多色阶的艺术效果。成化时色阶只有深、淡二度，有的浓淡清晰，有的淡水混浊不清，有时把轮廓线都染糊，使花纹混凝沌一团，由于青料和画法的改变，致使青花风格变明初的浓重粗犷为轻灵典雅"。张浦生在其著作《青花瓷器鉴定》中则认为："青花分水技术法，又称混水，它创始于天启，成熟于康熙，做法是在勾好的轮廓线内，用含水量82%～96%的青料填染。绘画时，以笔吸满钴料水，依照所画轮廓浅填色，具有水墨画效果。"

图44 明洪武 青花芙蓉纹折沿盘

只是到嘉靖时期才有青花混水技法的确切记载，明末清初才发展成为以青料浓淡层次来营造如水墨画般的艺术效果的装饰风格，清初更是染者不画，画者不染。因此，分水法并非一种截然出现的瓷绘技法，有一个发展过程，只是到过渡期，才成为青花瓷绘中的主流技法。

从流传实物看，元青花中对青料浓淡层次已经进行了有意识的利用。现藏于日本出光美术馆的元代青花"明妃出塞图罐"，在表现山石结构及空间时，除利用留白来表现外，还出现了青料的有意识的浓淡变化，但是还没有出现双钩的技法；而同时期的另一件作品，现藏于美国波士顿美术馆的元代青花"唐太宗故事图罐"，在表现山石的结构分组时，只采用留白的方法，青料几近平涂，毫无浓淡变化。可以说，分水技法在元青花装饰中只是初见端倪。

出土于景德镇珠山御窑厂遗址的明洪武青花芙蓉纹折沿盘（图44），为我们展示了明初景德镇御窑厂青花瓷的装饰技法，这是典型的青花勾勒填色作品。勾勒填色的瓷绘技法始于成化的传统说法，在这件作品面前是站不住脚的。

图45　明成化　青花宝相花纹侈口小碗

图46　清康熙　青花山水观音樽

从这件作品中可以看出，洪武时期已经出现青花勾勒填色的装饰手段，但其填色纯为平涂，没有浓淡的层次变化，这一点与成化作品有区别，反映了分水法的早期发展形态。

成化时期，双钩填色，料分浓淡的分水法开始普遍应用于瓷器装饰。同样在珠山御窑厂成化地层中出土的青花宝相花纹侈口小碗（图45），以及青花莲荷水草小碗，反映了分水技法在成化时期已基本成熟。从成化时期开始，勾勒填色的分水法完全成为青花瓷绘技法的主流，到晚明清初，甚至产生另外一种现象，在最优质的青花瓷中，线条逐渐被弱化，青料的浓淡渲染成为绘画象物的主要手段。青花山水纹观音樽（图46）是康熙时期的作品，这件作品除了在表现山石与树木结构略用线条勾勒外，主要借助青料的浓淡渲染来作为造型和烘托明暗体积的手段，线条的作用已经大为弱化。

风格

受多种因素的影响，过渡期青花瓷在装饰题材与艺术
风格上发生了显著变化。文人寄情艺术、市民趣味的渗透、
宗教因素的影响、中外文化交流等诸多因素都对过渡期青
花瓷的装饰题材与艺术风格产生了重要影响。具有浓厚等
级观念的工艺化图案装饰为主流的传统风格逐渐弱化，文
人趣味清新、生活气息浓郁的新风格得以确立并成为主流，
山水必有意境、人物必有故事、花鸟必有情态的主题性绘画
装饰成为过渡期青花瓷装饰的主流风格。

一、传统装饰题材与风格的弱化

　　过渡期之前的青花瓷装饰题材与风格有两个显著特点：
其一，以工艺性图案装饰为主，不具有主题绘画的"情节性"，
构图上多采取对称、连续、开光等工艺化装饰手段；其二，具有
严格的等级观念，不同社会阶层享有不同等级的装饰题材。
这两个特点始终贯穿于过渡期之前的青花瓷装饰风格之中。
　　青花瓷的装饰纹样题材多样，来源广泛。过渡期之前，
传统的青花瓷装饰题材主要有植物、动物、山水、文字、几
何纹、宗教图案、吉祥图案等几大类，其中尤以动物、植
物纹为多。动物纹中，常见的有龙、凤、狮、海马、麒麟、
孔雀、鹤、鹿、鱼、虾等（图47）；植物纹中，官窑作品
以缠枝花、折枝花居多，其他有莲、菊、牡丹、梅、荷、百合、

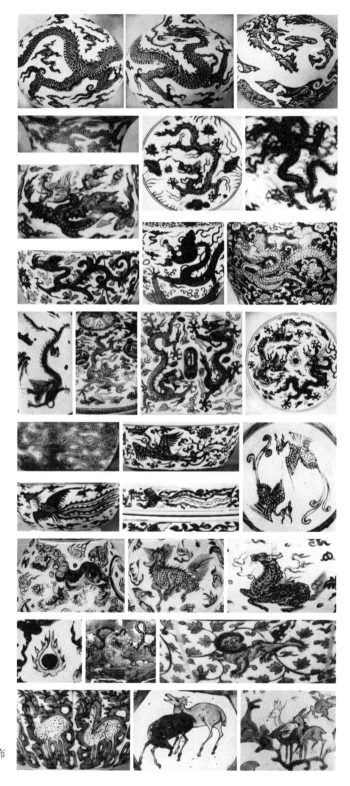

图 47　明代瓷器装饰中的动物纹饰

图48 明代瓷器装饰中的植物纹饰

灵芝、荔枝、石榴、桃、葡萄、秋瓜等（图48）；人物纹中，婴戏、高士、仕女为常见内容；文字图案主要流行于嘉靖、万历时期，诸如：福、寿、玉堂佳器、长命富贵，万福攸同（图49）等寄托美好愿望的词句多见；宗教图案以佛教八宝、法器以及道教八卦、八仙、松鹤等为常见题材（图50）；几何纹诸如蕉叶、回纹、云气、龟背锦、缠枝花、莲瓣、月华纹、结带宝杵、弦纹等多作为边饰出现。

　　过渡期以前，青花瓷很注重边饰的装饰效果，这也是其工艺性明显的特征之一；发展到过渡期，由于文人绘画的影响，瓷器装饰中主题性绘画逐渐兴盛，边饰的工艺性特征有妨碍绘画主题之嫌，且不利于构图而逐渐被弱化，甚至以暗刻的手法来表现，这样可以尽可能地把有限的装饰空间留给主题纹饰，这种装饰手法在崇祯时期青花瓷作品中大量出现，成为最有特色的装饰构图之一。

图 49 明代瓷器装饰中的文字图案

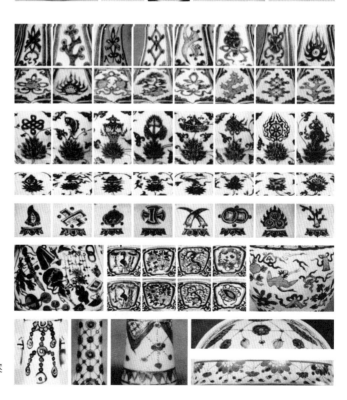

图 50 明代瓷器装饰中的宗教图案

相对于过渡期而言，青花瓷的传统装饰不但具有很强的工艺性特征，而且具有严格的等级观念。

明初洪武时期，朱元璋即对各级官员及百姓的居室、服饰及器用制度作了严格规定。《明太祖实录》记载："洪武二十四年六月己未，诏六部都察院同翰林诸儒臣，参考历代礼制，更定冠服、居室器用制度……官民人等，所用金银瓷碇等器，并不许制造龙凤纹及僭用金酒爵……公侯伯至二品酒注、酒盏用金，余用银；三品至五品酒盏许用金，余用银；六品以下酒器许用银；庶民酒注用锡，酒盏用银，余用瓷、漆。"[67]

可以看出，龙凤纹饰为皇室专用，官民不得僭越。

正统时期，政府更是禁止民间仿照官用纹样制造瓷器："命都察院出榜，禁江西瓷器窑场烧造官样青花白地瓷器于各处货卖及馈送官员之家，违者正犯处死，全家谪戍口外"[68]；正统十二年，政府又重申禁令并加重对违法者的处罚力度："正统十二年十二月甲戌，禁江西饶州府私造黄、紫、红、绿、青蓝、白地青花等瓷器，命都察院榜谕其处，有仍敢冒前禁者，首犯凌迟处死，籍其家赀，丁男充军边卫，知而不告者连坐。"[69]

万历时期，皇帝对瓷器式样都要亲自过问，《明神宗实录》曾有"钦颁瓷器式样"的记载："万历二十七年十一月……丁卯，先是江西税监潘相，疏称钦颁瓷器式样，于五月内工部题差序班蔡余祥赍银至今未到……"

入清以后，随着政府地位的稳固，御窑厂的恢复，政府对瓷器生产的控制重新严格起来，如康熙时期官府就曾不止一次地禁止民窑书写本朝年号。

装饰图案的工艺化和严格的等级观念是过渡期之前青花瓷装饰的显著特色。明代晚期以来，随着政府势力、财力的衰退，政府对瓷业的控制日渐松弛，民窑瓷业具有了突破固有风格的宽松环境，受制于宫廷趣味影响的传统瓷器装饰风格转而以市场好尚为依归，文人艺术、市民文化、宗教因素以及外来文化等诸多因素成为左右过渡期青花瓷

[67] 《明太祖实录》卷二〇九。

[68] 《明英宗实录》卷四九。

[69] 《明英宗实录》卷一六一。

装饰风格的新兴力量，传统的装饰题材与风格逐渐弱化，新的主流风格得以确立。

二、文人绘画对过渡期青花瓷装饰的影响

1. 前提

（1）工艺与艺术的区别

与绘画艺术不一样，瓷器总体上讲还是属于工艺品范畴。绘画艺术具有强烈个性化特征的不可重复性，而瓷器则是以实用功能为主，集合工艺特质与工匠艺术的个性于一体的艺术品类，它是以社会化生产为背景的，这与绘画艺术有着本质的区别。但是，由于文人绘画的影响，过渡期青花瓷作品中，瓷器的实用功能与工艺特质逐渐弱化，主题性的绘画装饰十分突出，文人绘画的题材和风格图式被移植于瓷器装饰，使制瓷工匠的艺术个性得以空前张扬，这也是过渡期青花瓷受人尊敬的主要原因。

（2）艺术供养体制的转型

艺术依赖什么而生存，它背后是什么经济力量在支撑？对艺术供养体制细节的关注长期以来被艺术史的研究者所忽视。

传统的绘画品评中，"神"、"妙"、"能"之外单有"逸"品一格，职业画家很难得到"神"、"逸"的评价，"逸笔草草，不求形似"是对文人画家由衷的赞扬，但艺术风格的取向与经济背景的关系往往十分密切，文人画家绘画风格的审美取向并不能完全做到"独抒胸臆"，当某种风格被趋之若鹜的时候，它就已经职业化了。明代中叶以降，随着宫廷绘画的衰落，文人画占据了画坛的主流地位。这种状况的形成固然有艺术体制本身的趣味转向因素使然，但关注一下这时期艺术供养体制的转型，我们似乎可以找到更为充分的理由。

詹姆斯·埃尔金斯在其《西方美术史学中的中国山水画》（James Elkins *Chinese Landscape Painting as Western Art History*）一书中，提出了晚明清初宫廷绘画市场崩溃的论

题:

"随着宫廷绘画市场的崩溃,画家则只能靠每周制作和出售画作(据说是十幅画)来维持最低限度的生活水平……艺术市场正经历着根本性的变化。"[70]

明代晚期,随着政府势力与财力的衰落,艺术供养体制也发生了转型。

院画的衰落显示出宫廷绘画市场的崩溃,宫廷对艺术的赞助和收藏大不如前,代之而起的是私人收藏的兴起,晚明清初出现了诸如项元汴、梁清标这样的艺术品私人大收藏家。从瓷器生产来看,官搭民烧制度的实行、御窑厂的衰落与辍烧,与宫廷院体绘画的衰落一样,都是在政府财力衰退之际失去对艺术有力支持之后产生的一系列连锁反应。

(3)文人绘画的两种选择

明嘉靖、万历以前,绘画市场具有强势的政府背景。明代前期绘画从洪武、永乐到宣德、成化、弘治时期基本上有三大体系,一是宫廷院体绘画,一是活跃于浙江一带民间画坛的浙派绘画,一是继承元代水墨画法的文人画。这三大体系中,院体绘画在嘉靖、万历之前一直占有重要地位,具有较大影响。明代晚期以前,由于宫廷十分重视艺术收藏,尤其是宣宗、宪宗、孝宗三朝,为明代绘画发展的极盛时期,内府收藏书画之富,其盛况不亚于宋代宣和与绍兴两朝,其中宣宗皇帝本人也雅好丹青,对艺术的资助更是不遗余力,因此,体现皇家趣味的院体绘画在明晚期以前一直是画坛的主流。这种情况到明晚期发生了改变,正如詹姆斯·埃尔金斯所注意到的,宫廷绘画市场崩溃后,艺术市场发生了根本性的变化,政府不再是艺术的赞助者,宫廷收藏更是每况愈下,更有甚者,明中期以后的隆庆、万历两朝,因国库空虚,有些内府收藏的书画竟用来作为发给官吏的薪金,即所谓"折俸"。

当私人收藏家成为艺术的主要赞助力量的时候,艺术风格的多样化也就不可避免。明代后期的嘉靖、万历、崇祯三朝,无论山水、人物、花卉各种画科,无不变化多端,

[70] (美)詹姆斯·埃尔金斯(James Elkins)著,潘耀昌、顾泠译《西方美术史学中的中国山水画》(Chinese Landscape Painting as Western Art History),第119页,中国美术学院出版社,1999年。

图51　明　萧云从《太平山水图画·石人渡》

派系纷繁。山水继吴门四家之后，有"华亭"、"苏松"、"云间"、"浙派"诸系林立；花鸟既有徐渭的水墨写意，也有周之冕、孙克弘兼工带写一路。绘画艺术风格在明晚期的发展与瓷器生产中因御窑厂衰落而解放了民窑生产力一样，呈现出多样化的发展态势。

　　宫廷艺术市场解体之后的文人画家面临两种生存状态，一部分画家固守"遣兴"、"自娱"的创作方式，并不以书画为谋生的手段；而另一部分画家则必须面对市场，其生存方式朝着职业化、商业化方向发展。许多画家的艺术才情向建筑、造园、工艺、版画、家具、制瓷等诸多领域伸展。举例而言，晚明是刻书出版业十分发达的时代，出于艺术装帧及商业竞争的需要，版画的创作成为十分兴旺的商业需求，许多文人画家如陈洪绶、丁云鹏、崔子忠以及后来的萧云从等都成为书籍版画的插图名家，创作了大量的书籍插图（图51）；与此同时，版画的艺术风格也就不可避免地带有文人绘画的烙印，文人绘画的精神、图式、技巧等诸多因素非常自然地融入版画作品的艺术风格之中。萧云从著名的版画作品《太平山水图》就是完全模仿文人画古今名家笔法而作，在图册的目录及题跋中，他并不隐瞒这种创作方法，实际上，模仿名家笔法自晚明以来已经成为文人画家创作作品最重要、最时髦的手段。

显而易见，文人画家直接或间接介入制瓷艺术时，会产生怎样的一种艺术风格！

2. 题材、技法与风格图式

可以推断，同版画受文人绘画的影响一样，艺术市场传统的供养关系解体之后，受市场利益驱动的经济因素是过渡期青花瓷装饰带有强烈文人绘画风格的重要原因之一。同时，由于明中叶以来，以绘画为重心的文人艺术日益受到社会追捧，艺术品评更是推波助澜，文人艺术成为晚明清初的主流艺术和时髦艺术，工匠的创作受到打压，以致董其昌非要将"画师之画"与"士夫之画"分个高下曲直："士人作画，当以草隶奇字之法为之，树如屈铁，山如画沙，绝去甜俗、蹊径，乃为士气；不尔，纵俨然及格，已落画师魔界，不复可救药矣。"[71]

作为晚明画坛的领军人物，董其昌的理论影响巨大，追者无数，其书风、画风甚至左右清初宫廷好尚，康熙皇帝就是狂热的董氏艺术追随者。面对这种艺术环境，脱不掉实用工艺品本质的过渡期青花瓷，其装饰风格向文人趣味靠拢是审时度势的，况且，我们目前看到的绝大部分优质的过渡期青花瓷（上品细料器），其消费主体本身就是文人士大夫，文房用具与陈设瓷如笔筒是过渡期青花瓷的最主要品类。

文人绘画对过渡期青花瓷的影响是极其深刻和全方位的，题材的移植、技法的借鉴、风格图式的渗透无不体现在过渡期青花瓷的大量作品之中。

（1）题材的移植

图案化的动物、植物纹是明晚期之前传统青花瓷装饰的主流题材，它是一种纯视觉的装饰，是基于纯视觉层面上的图案的组合，构成线条的疏密安排、色彩的搭配对比等是

[71]（明）董其昌《画眼》，黄宾虹、邓石编《美术丛书》，第128页，江苏古籍出版社，1986年。

图52　东晋　顾恺之《洛神赋图卷》

营造装饰效果的全部手段，虽然有主体纹饰与辅助纹饰的区别，且具有诸多象征意义，但这并不是主题性绘画。文人绘画对过渡期青花瓷装饰题材上的重要影响就是把主题性绘画带入瓷器装饰中，传统文人绘画意义上的山水、花鸟、人物画取代图案化的动物、植物纹的主体地位，山水必有意境，人物必有故事，花鸟必有情态，使过渡期青花瓷的装饰由此而具有了文人艺术的精神气质和文化内涵。具体表现为：

①　山水画由人物陪衬走向独立

受文人绘画的影响，过渡期青花瓷装饰中对山水的表现由传统的人物衬景地位发展成为独立的装饰题材。

传统绘画中，山水画是文人写情寄兴、玩味笔墨最重要的绘画手段，卷轴画中对山水的表现早至魏晋即已出现，这就是东晋顾恺之著名的《洛神赋图卷》（图52），此卷是根据曹植名篇《洛神赋》而作的以人物为主题的一幅连环画，山水作为人物活动的衬景出现在画面中，是典型的"人大于山、水不容泛"的早期山水形态。隋代展子虔的《游春图》被认为是中国山水画成熟的代表作品（图53），它是把山水作为独立题材加以描绘的最早卷轴画作品[72]，相对于《洛神赋图卷》而言，《游春图》营造出了山水的深度空间并把握住了人物与山水的准确比例关系，这种空间营造技巧上的成熟与比例关系的正确把握改变了早期山水"人

[72]　有的学者根据图中建筑物的装饰等细部描写主张其底本在中晚唐以后，摹本则为五代、宋，尚未获得公认。

97

图53 隋 展子虔《游春图》

大于山、水不容泛"的形态而具有"咫尺千里"的视觉效果，这正是成熟山水画所必需具备的两个条件。

五代宋初，以荆、关、董、巨为首的山水画家群的出现显示出山水画全面走向成熟。空间表现更加丰富多样，既有大山大水全景式构图的北派山水，也有平淡天真江南小景式的南派山水；技巧上，用以显现山石树木纹理质感与结构的皴法得到了很大发展，墨法也逐渐丰富，有笔有墨开始成为画家的自觉追求。

两宋时期，由于山水画家的独特创造，形成了许多开宗立派、对后世影响极深的山水样式与技法样式，诸如以"蟹爪枝"闻名的"李郭派"，以水墨横点著称的"米氏云山"，擅画湖山小景的惠崇、赵令穰，以青绿山水见长的王希孟，专擅界画舟船的郭忠恕，以至喜画边角之景而被称为"马一角、夏半边"的马远、夏圭等，这是一个创造样板并对后世产生深远影响的时代。

元代山水利用"以书入画"、"诗书画印相结合"的手段把文人趣味引入山水画。这时期的山水画不光具有"可居"、"可游"的实用功能，它更是文人画家借以表现笔墨趣味的最好题材。"以书入画"包含两重涵义：其一是绘画与书法两种艺术在形式上的有机结合并与诗歌、刻印

图 54　元　赵孟頫《秀石疏林图》

等文人艺术相结合；其二是以具有书法审美特征的线条与墨法来写物象形。宋人解决了山水画中空间与技法问题，元人则因以书入画而解决了山水画的趣味问题。所谓趣味，就是基于笔墨表现的文人趣味，元代山水处处浸淫着文人画家个性化的精神气质：黄公望的冲和，吴镇的沉郁，倪瓒的枯淡，王蒙的华茂，这种精神气质正是通过"以书入画"的手段来实现的。同宋代山水一样，这四种精神气质也成为后世文人画家不断模仿的样板。宋人山水注重的是"写物"，而元人山水更注重"寄情"，在皴法、墨法的使用上，宋人山水是以准确传达山石、树木等质感为终极目的，而元人山水则把质感的追求转变为对最具有情感表现力的书法趣味的追求。赵孟頫更是主张"书画同源"，其代表作《秀石疏林图》就是一张充满书法趣味的作品（图 54）。该图纸本墨笔，画巨石周围分布数株古木丛篁，用飞白笔法画巨石，表现了巨石的尖硬质感；用圆劲的笔法画古木，表现了树木挺劲的枝杆；用俏利的笔法画竹叶，表现了竹的潇洒，充分施展了书法笔墨在绘画中的效用。赵孟頫在此画拖尾的题诗中阐述了他的创作思想："石如飞白木如籀，写竹还与八法通；若也有人能会此，方知书画本来同。"诗中的"飞白"、"籀"、"八法"都是书法术语，基本上代表了元代山水画家进行创作时对线条运用方法的追求。

明代山水画早期是远接宋人衣钵的院派山水盛行，中期吴门继起，以元四家为依归，晚期虽派系纷繁，但基本上是以董其昌为首的讲究笔法墨趣的文人画占主流。

青花瓷装饰中，山水题材的成熟也基本上遵循着卷轴画中山水题材的演变轨迹。山水的表现虽然早在元青花作品中已见端倪，甚至明代初期、中期的作品也并不鲜见山水题材，只是到了明中期以后的过渡期，在强势的文人艺术氛围的影响和文人直接消费的带动下，瓷器装饰中的山水题材才最终以主题性绘画的方式摆脱了早期装饰中的陪衬地位而成为独立的装饰题材，文人绘画的风格样式、精神气质也伴随着题材的移植而被移植。

在为数不多的元代青花作品中，没有独立表现山水的作品，只是屈指可数的几件人物故事题材的作品中，能见到树石草木的表现，但完全是作为人物故事画的背景点缀来构成画面空间。

元代瓷绘工匠显然没有充分感受到自己那个时代文人画圈子中艺术趣味的新动向，他们似乎只对装饰性极强的动物、植物以及很有故事情节的杂剧人物感兴趣，山水对他们没有吸引力，极度繁密的构图以及对细节不厌其详的表现，甚至使人怀疑他们是否有点精力过剩，装饰空间被极其精确地计算和加以利用，尽可能在有限的空间里表现出尽可能多的细节（图55），纹饰虽有主次之别，但绝无虚实之分，每一根线条都清晰而充满张力（图56），繁密但和谐对称的构图以及装饰味道浓郁的线条使工艺美的特质被发挥到极致。

元青花装饰中具有表现山水的朦胧意识，构成山水的草、木、云、石等具象要素都已出现，但并没有组合成独立的山水题材，加上基于技术表现方面的欠缺等诸多因素的限制，使元代青花瓷装饰中对山水题材的表现非常幼稚，尽管这时期的文人山水画已经非常成熟。

作为瓷器装饰中人物画的陪衬，草、木、云、石等诸山水具象要素被作为分割空间、暗示故事情节的符号很有秩序地安排在人物故事画面之中，这种功能往往是以牺牲合理

图 55　元　青花龙纹罐展开图

图 56　元　青花鱼藻纹罐展开图

的空间和构图为代价。藏于美国波士顿美术馆的青花三顾茅庐梅瓶就是较典型的例子（图 57）。为了表现人物故事情节和草堂环境的需要而安排在刘备前方的山石和篱笆在构图上显得突兀失位，空间深度关系混乱，其多达六层且面积巨大的边饰使主体纹饰空间被大大压缩，视觉上很不利于主题性绘画的表现。

　　空间表现的幼稚在另一件作品中也显露无遗，明妃出塞图罐的人物囿于技巧的贫乏而呈行进式平面排列，人物背景也是一个平面空间，画面左侧骑马人物与山石比例失调且表达不出应有的空间深度，右侧的三匹马只以颜色反差而不是利用透视比例来暗示空间距离（图 58）。

　　唐太宗故事图罐是一件表现唐太宗行军征战飒爽英姿的成功作品。这件作品底足边饰出乎意料地消失，由此而节省的空间被分配给主体纹饰，这在元代青花罐类装饰中是较罕见的特例（图 59）。这种空间分配上的边饰对主体纹饰的妥协似乎暗示着主题性绘画观念的萌生。作品中大量空间被用来表现崇山峻岭的行军环境，但这并不是一件成

图 57　元　青花三顾茅庐图青花梅瓶

图 58　元　青花明妃出塞图罐展开图

功的山水题材作品，人物与山石的比例关系不具有合理性，它与早期卷轴绘画中"人大于山、水不容泛"的山水幼稚形态如出一辙。

　　瓷器装饰因基于社会生产的需要而产生的某些符号性技法与构图安排与文人绘画中个性化的艺术趣味是相抵触的。唐太宗故事图罐中对卷云的表现作了符号化处理，这种符号在青花吕仙图玉壶春瓶中又一次出现（图 60）；明妃出塞图罐中柳树相交呈对称分布的构图方式是不太可能出

图 59　元　青花唐太宗故事罐

现在文人绘画中的，更何况，这种两树交叉对称的构图也被
作为一种符号再一次出现在另一件作品中，只不过柳树变成
了松树。

　　应该说，标志着青花瓷走向成熟的元青花装饰从一开

图 60　元　青花吕仙图玉壶春瓶

始就具备了题材多样化发展的可能。

　　青花瓷装饰中对山水题材再一次感兴趣是在明初永乐时期。青花胡人乐舞图扁壶是早期山水题材中昙花一现的作品：构图空前开朗，比例把握适度。它可能是永乐青花瓷中表现山水题材最成功的作品，如果不是青料独特的发色特征，它几乎会被认为是过渡期的杰作。这件作品中，构图的疏朗以及空间深度的表现技巧的成熟，使人不得不怀疑它与文人绘画有着必然的联系。把近景、中景、远景作为推进空间深度的构图方式是文人画偶像派画家倪瓒的创造。在倪瓒

图 61　元　倪瓒《容膝斋图》

成熟风格的作品中，其构图往往采取平远两段式章法：近坡高树数株，中间以留白表示辽阔的平远空间，远山被提到画面的最上端，这种简洁的构图方式在表达空间深度上非常有效。《容膝斋图》是倪氏这种风格的代表作品（图61）。

图62 明永乐 青花胡人乐舞图扁壶

青花胡人乐舞图扁壶毫无疑问具有倪瓒绘画中平远两段式构图章法特征（图62），这种构图章法在永乐以后的瓷器装饰中一度消失，因为接下来在宣德以及空白期的作品中，我们看到的山水形态基本上是元代青花风格的翻版，但有一件作品要排除在外，这就是15世纪（宣德至天顺）的青花仕女围棋图罐（图63）。纹饰中作为仕女背景的屏风上的山水画法竟然与倪氏山水的两段式构图甚至笔法上都有惊人的相似，但很可惜，它只是人物背景的背景，并且很可能是一件孤例。倪瓒的绘画在他活着的时候就被时人看重，家藏倪画被认为是十分风雅的事，不知这件仕女围棋图罐上倪氏风格的山水屏风是否是前代收藏风尚影响下的产物。在此罐的另一面，果然有一幅倪氏风格的卷轴画出现在人物背景中。

宣德至正德时期青花瓷装饰中对山水的表现方式基本

图63 明宣德至天顺 青花仕女围棋图罐

上是元代风格的延续，即完全是配合人物故事情节加以展开。这种延续性在一组青花人物图罐中表现得尤其充分（图64），无论是构图或是技法，山水基本上是人物活动的背景。令人惊奇的是，某些符号如卷云纹的表现，正德时期的画法居然与约200年前的元代作品毫无二致。

依于人物而存在的山水模式维持到正德时期终于有了松动，这时期也是吴门画派崛起画坛的时候。如果说正德青花八仙葫芦瓶（图65）已经具备了山水画独立的微细倾向的话，那么嘉靖时期在个别瓷器装饰上已出现了非常成熟的独立的主题性山水画装饰。青花松下休憩图瓷板是一件地道的独立山水题材作品（图66），人物与山水具有非常合理的空间比例，远处平远空间以充满书法趣味的笔法层层推远，这种画法是文人画最典型的构图处理方式之一。这件瓷板表明，嘉靖时期的青花瓷已经开始将文人山水的题材、

图 64　明宣德至正德　青花人物图罐一组

技巧完整地移植到瓷器的装饰之中。

随着山水纹饰的独立倾向日渐明显，早期装饰中人物
与山水的主次关系也逐渐发生了转换。

在嘉靖以前尤其是在元代和明初的作品中，人物表现
都具有个性化的细节描绘，其服饰、面相乃至性格特征的刻
画都具体入微，与符号化的山水主次搭配，相得益彰；而随
着山水纹饰日渐独立成为表现主题时，其装饰重心也逐渐转
向对山水空间、树石质感乃至笔法、意境的关注，人物表现
却转变成为符号化语言，不再具有细节表现。这种作品在万
历晚期已经出现，到崇祯、康熙时期，终于出现了纯粹的山

图 65　明正德　青花八仙葫芦瓶

图 66　明嘉靖　青花松下休憩图瓷板

图 67　清康熙　青花山水缸

水题材装饰（图 67）。

山水题材的独立不只通过人物与山水主次角色的转换来实现，更在技法图式乃至意境情思方面全面移植了文人绘画之趣味而成为独立的主题性绘画。

山水题材的独立，是过渡期青花瓷突破传统风格的重要成就。

②独幅花鸟画出现

花鸟之于瓷器装饰，在唐代长沙窑作品中已有极生动的表现（图 68），诸如白鹭、飞燕、鸾鸟、鸿雁、鸳鸯、丹顶鹤等，题材繁多、笔法简练、栩栩如生，甚至还出现了描写花鸟情态的诗题："春水春池满，春时春江生，春人饮春酒，春鸟弄春声。""只愁啼鸟别，恨送故人多。"把人的情感通感于花鸟情态，完全具备了成熟花鸟画的创作观念。

传统绘画里，花鸟画题材的独立和创作观念的成熟是在宋代。《宣和画谱》之《花鸟叙论》特别强调了要赋予花鸟画以社会伦理道德观念，称花鸟画"有以兴人之意者，率能夺造化而移精神，迥想登临览物之有得也"。宋徽宗赵

图 68　唐　长沙窑花鸟纹执壶（局部）

佶本人就是花鸟画高手，非常善于借花鸟画来表达自己内心的感情世界，"山禽矜逸态，梅粉弄轻柔；已有丹青约，千秋指白头"是他在《腊梅山禽图》（图 69）中的题诗，充分表现了他内心的情感色彩和浪漫情怀。

　　青花瓷装饰中，在过渡期以前，花鸟题材基本延续了元代以来的装饰风格，这与山水题材风格的演变一样，其构图安排和绘画技法充分考虑到瓷器作为实用工艺品在器物形状本身上的装饰需要：连续、对称的构图方式与丰富繁杂的边饰几乎出现在每一件瓷器装饰上，设色用线肯定有力而无浓淡虚实变化（图 70）。明中期以来，随着文人绘画影响的日益加深，花鸟题材装饰中的工艺特征日渐淡化，构图上突破了瓷器本身的器形限制，而成为独幅的花鸟画作品，绘画技巧上也随着青料调画方式的进步而具浓淡变化之致，文人画中花鸟题材风格多样的艺术图式与精神情感移植于瓷器装饰中，这种风格上的变化最晚出现在嘉靖时期。嘉靖青花花鸟图八角盒（图 71），该作品充分利用盒盖的八角形空间来构成一幅独立的花鸟画，锦鸡飞鸟与树石花草做了虚实主次的安排，与传统的工艺化构图方式有很大区别。

图 69　宋　徽宗赵佶《腊梅山禽图》

在明末与清初的一些作品中，还极力淡化甚至取消边饰来满足独立的主题性花鸟画在构图视觉上的需要。明崇祯时期的牡丹飞鸟纹莲子罐与清康熙孔雀牡丹图笔筒（图72）明显反映出明末清初青花瓷装饰与传统装饰中的构图差异以及对文人绘画中水墨变化趣味的模仿。这种变化在山水、人物题材中也同样显而易见。

　　明代青花瓷装饰中花鸟题材在风格技法上与传统绘画保持着相当一致的步调。永乐、宣德时期官窑青花瓷中的花鸟纹饰与宫廷绘画有着相当的渊源，据传许多画稿出自宫廷名手，以边景昭为代表的工笔重彩的宫廷花鸟画对青花瓷

图 70　元　青花芭蕉鸣禽图盘

图 71　明嘉靖　青花花鸟图八角盒

图72 清康熙 青花孔雀牡丹图笔筒

中的花鸟装饰有重要影响。边景昭是永乐至宣德初期的宫
廷画家，其花鸟远承两宋院体工笔重彩之传统，画法工细，
形象精确，赋色浓艳，富丽堂皇（图73）。这种风格对当
时官窑青花的花鸟纹饰产生了直接影响，永乐青花枇杷宿禽
图盘（图74）与宣德青花桃树双鸟图盘（图75）是永宣官
窑青花的代表作品，其装饰纹饰无论是花鸟顾盼呼应的动态
处理，还是其一丝不苟的绘画笔法与精准细腻的形象刻画，
都与边氏为代表的明早期宫廷花鸟画渊源极深。

　　明中后期，以"白阳青藤"为代表的水墨写意花鸟引
领画坛新风，画家偏爱适于表现水墨变化与书法趣味的芭蕉
竹石、牡丹莲菊等题材，受此影响的过渡期青花瓷装饰中
的花鸟题材也以之为主流（图76）。同时，在绘画形式上，
除巨幛大幅之外，文人花鸟更流行册页手卷的绘画形式，与
之相对应的折枝花卉的构图形式颇为流行，几乎同时，这种
表现形式也流行于青花瓷装饰中。崇祯青花牡丹双雀图莲子
罐与崇祯青花折枝花鸟图莲子罐（图77），在绘画形式上
均采取了文人花鸟画中折枝花卉的表现形式，这与晚明花鸟

图73　明　边景昭《百鸟和鸣图卷》

名家孙克弘、周之冕的花鸟作品何其相似。

③反映文人生活与历史典故的人物画大量涌现

明代治理国家的根本方略从初期功臣治国逐渐过渡到以后的文官治国，皇权专制依靠文臣建立起一套完整的官僚机构，从中央六部到省府州县都以文臣尤其是进士出身的文人为主。明中后期，作为权力机构的内阁非进士莫入，

图 74　明永乐　青花枇杷宿禽图盘

图 75　明宣德　青花桃树双鸟图盘

图76 明末文人画花鸟题材与青花瓷装饰题材之对比

图77 明崇祯 青花折枝花鸟
图莲子罐

内阁辅臣也都是进士出身。与文官集团相纠结的是庞大的士大夫阶层，在明代，士人包括进士、举人、监生、诸生等知识分子，其中进士都依例被授以官职，进入文官统治集团。他们熟读诗书，通晓儒家经典，是社会伦理道德的规范者和正统文化的主要载体；同时他们又分处全国各地，从城市到乡村，他们是有功名的头面人物，即社区和家庭组织的首领，对维护正常社会秩序，传播社会文化起着重要作用。文人士大夫集团又是官员队伍的后备军，在明初，开国皇帝朱元璋直接从士人中征召了大批人才进入官僚队伍，充实了各级政府的力量，实行科举取士后，士人们苦读诗书，考中进士、举人就成为他们入仕晋身的主要途径。

明中叶以后，文人士大夫成为异常活跃的社会力量，在思想领域中，正统的程朱理学受到挑战，阳明心学兴起，文人讲学、结社之风兴盛，出现了像王阳明、湛若水这样的大师，从京师繁华之地，到偏郡僻邑，士大夫讲论学问、性命道德等学术活动十分活跃。

文人结社，还有另一种类型，即根据共同志趣而成立的结社。政治上，文人士大夫关心国家大事，抨击时政，臧否人物甚至直接参与政治斗争；艺术上，明中叶以来，绘画、书法、建筑、雕塑、工艺等莫不以文人趣味引领风尚；在明代，一般士大夫多能兼擅琴棋书画，他们行游林下，雅集文会，吟风弄月，涂抹丹青。著名文人张岱在绍兴龙山之下设立了"斗鸡社"，以斗鸡为乐，博取古董、书画等为雅事。

游艺之外，文人士大夫日常生活也多翻新出奇，或精致典雅，或放旷不羁。以茶酒为例，明中后期文人士大夫不但讲究饮茶场所，而且还兴起美人伴茶、焚香伴茶等特殊的饮品香茗的风尚。据张岱《陶庵梦忆》记载，明代茶馆极其讲究："崇祯癸酉，有好事者开茶馆。泉实玉带，茶实兰雪；汤以旋煮，无老汤；器以时涤，无秽器。其火候、汤候，亦时有天合之者。"

文人于茶能静心明志，于酒则放胆煽情，明代酒楼日趋繁荣，各种不同等级的酒楼分工越来越清楚，美酒佳肴、

图78　明万历刊本《酣酣斋酒牌》

歌伎舞女，应有尽有，还有专供文人墨客饮酒赋诗的诗牌。
明代饮酒习尚在承袭传统古礼的同时，又有时代发展的特
点，酒宴的座次、歌乐侑酒的习尚都颇有讲究，饮酒时以酒
令劝酒的习俗普遍时兴，文人饮酒，狂放中透着精雅，当时
文人创制刻绘了许多酒牌，“酒牌之制，为时颇古，明人尤
尚之，陈老莲《水浒》、《博古》二牌，传遍天下”。[73]
万历晚期刊本的《酣酣斋酒牌》，绘刻精良，极具文人趣味，
图中所绘均为放旷多才的著名酒徒，如孔融、嵇康、刘伶、
阮籍、贺知章、郑虔、张旭、石曼卿等，而以李白冠其首，
反映了明中叶以后士大夫蔑视礼法，追求个性解放的时代风
尚。这册酒牌有一个特点，就是它采用了书册的形式，这在
酒牌中不多见，且每图题识精洁，能以数语传神，其刻工极
尽柔和秀润之能事，为新安版画精品。这册酒牌已超出了它
本身的意义而成为文人赏玩之物，是晚明文人日常娱乐生活
的鲜活写照（图78）。

　　文人生活中，行游也是一项重要活动，往往有赴任、
谪迁、述职、从幸、迎驾、祖道、省亲、求仕、游学、漫

［73］郑振铎《〈酣酣斋酒
　　　牌〉序》，《酣酣斋
　　　酒牌》，中华书局，
　　　1961年。

游等诸多机会，对于在功名场中讨生活的文人来说，行旅游览是一种重要的人生体验，不但可以饱览山水，还可以开畅心胸，净化心灵。与之相配合，文人还发明了诸多游具，据高谦《遵生八笺·起居安乐笺》载，主要有竹冠、披云巾、道扇、拂尘、云舄、竹枝、瘿杯、瘿瓢、斗笠、葫芦、药篮、棋篮、诗筒葵笺、韵牌、叶笺、尘毡、夜匣、便轿、轻舟、提盒、提炉、备具匣、酒尊等，名目繁多，功用齐全。

可以看出，明代中后期文人着力追求生活的新奇多彩，他们十分注重生活的艺术化，艺术的生活化，反映到艺术作品中，建筑、雕塑、卷轴绘画、版画、瓷器、文玩、家具等诸多艺术门类中均留下了晚明文人生活极其丰富的形象资料，过渡期青花瓷装饰中即有着异常鲜活的文人生活写照。

卷轴画中人物题材在明早期基本继承宋元以来"成教化、助人伦"的创作思想，较少反映文人现实生活；中期以后，吴门四家中文徵明、唐寅、仇英均是人物画高手，浙派有戴进、吴伟、张路等诸家并立，晚期有丁云鹏、尤求、吴彬、陈洪绶、崔子忠等人物名家辈出，其人物画内容均十分注重对文人现实生活的描绘，诸如雅集文会、煮茶清谈、饮酒赋诗、行旅访友、求佛问道以及为文人所景仰的文人逸事、历史典故等；明代中后期，甚至还兴起了记录文人现实生活的纪实性绘画，最典型的就是山水纪游，画家往往把某一具体的旅游行程用写实的手法记录下来，这是把生活艺术化的一种方式。这种纪实性绘画在明中晚期的盛行，反映了当时文人艺术化的生活态度。作为过渡期瓷器人物题材装饰，在表现文人生活趣味时，基本上全盘继承了文人绘画的创作观念、题材与技法。

过渡期青花瓷中展现了晚明清初文人异常丰富的生活细节。

青花初夏睡起图盘是天启时期的作品（图 79）。它表现的是一位名叫杨诚斋的文人在初夏午睡之后闲散恬淡的心境，人物表现具有丰富的生活内涵，其诗题"梅子留酸软齿牙，芭蕉分绿上窗纱；日长睡起无情思，闲看儿童捉

图 79　明天启　青花初夏睡起图盘

柳花。"所表现出闲散恬淡不重名利的思想情绪正是当时文人较常见的精神状态，其落款"初夏睡起　杨诚斋题"则表明这是一件很个性化的艺术品，图中临门闲立的人物很可能就是那位正百无聊赖的杨诚斋先生。这种个性化的人物表现在过渡期以前的人物题材装饰中是不可能有的。虽然这件作品胎釉的工艺质量与典型的过渡期上品细料器有很大区别，但其装饰观念完全告别了传统规范，实为过渡期的先驱性作品。

对琴棋书画的爱好和擅长几乎是晚明清初文人的必要素养和生活乐趣之一。过渡期青花瓷中有大量表现这类文人风雅生活的作品，诸如松下对弈、携琴访友（图 80）、踏雪寻梅、雅集文会（图 81）、烹茶清淡等题材的作品比比皆是。

青花月下归来图笔筒是表现文人游骑生活的一件现实

图 80　明崇祯　青花携琴访友图笔筒

图 81　清康熙　青花雅集文会图笔筒

图82　清康熙　青花月下归来图笔筒

主义题材的优秀作品，描写的是文人游骑晚归的瞬间景象，把一个异常丰富的日常生活片断凝固于画面：天空弯月高悬，繁星闪烁，书生骑马，侍从敲门，童仆掌灯，吠犬候迎，好一幅月夜归庄图（图82）。

对历史典故、文人逸事的喜爱和描绘则反映出当时文人的心理需求和生活理想。文王访贤、圯下拾履（图83）、萧何月下追韩信（图84）、兄弟联芳（图85）等，这些题材的出现表现出当时文人具有某种积极进取的人生态度以及对科举制寄予的期望。康熙初期十分流行的圣主得贤臣颂青花文字笔筒更是对文人的这种心态的直接反映（图86）。同时，历代文人轶闻趣事也是当时十分流行的题材。苏武牧羊（图87）、竹林七贤、红杏尚书、赤壁夜游、羲之爱鹅、张旭醉书等题材的大量出现正是对当时文人生活理想、人生情趣、心理状态的折射。

④ 书法文字成为瓷器装饰的独立纹饰

书法文字作为独立纹饰应用于瓷器装饰，最著名的莫

图 83　清康熙　圯下拾履图笔筒

图 84　明崇祯　萧何月下追韩信图笔筒

124

图 85　明崇祯　青花兄弟联芳圆笔筒

图 86　清康熙　青花圣主得贤臣颂笔筒

图 87　明崇祯　青花苏武牧羊
图笔筒

过于唐代的长沙窑与宋代的磁州窑。

　　由于上层社会的提倡，唐宋书法盛极一时，长沙窑与
磁州窑的装饰深受影响。

　　唐代长沙窑瓷器的书法装饰以警世格言和古诗为主。
就目前所见，古诗约有七十余首，有的还见于《全唐诗》著录，
包括宫体诗、闺情诗、感怀诗、边塞诗、游戏诗、风情诗、
饮酒诗等多种。内容大部分反映中下层人民的生活情景和思
想感情，语言真挚，具有强烈的民间乡土气息。其书风特点
以行为主，兼带楷、草体意。诸如"自入长信宫，每对孤灯泣；
闺门镇不开，梦从何处入？""去岁无田种，今春乏酒财；
恐他花鸟笑，佯醉卧池台。""悬钓之鱼，悔不忍饥。""一
别行千里，来时未有期；月中三十日，无夜不相思"（图
88）。

　　长沙窑的书法传统在磁州窑作品中得到继承发扬，书
体更加恣肆豪放，内容更加广泛。如传世或出土的许多瓷瓶

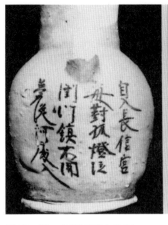

图88 唐 长沙窑诗文执壶

上多以文字写明用途，如"神苧丸"（药名），"梨花白"、"醉乡酒海"（盛酒）；有的碗或瓷枕写着"道德清净"等宗教用词，有的写着"招财利市"、"牛羊千口"等商家吉语；还有的在枕头上刻写着一个"忍"字或"高枕无忧"、"众中无语，无事早归"以及"有客问浮世，无言指落花"等反映明哲保身的处世哲学的字句。题诗、题词更是不胜枚举："常忆离家日，双亲拂背言；遇桥须下马，有路莫行船；未晚先寻宿，鸡鸣再看天；古来冤枉者，尽在歧路边"，生动地刻画出一幅游子背景离乡思念双亲的愁苦情景。再如："晨鸡初报，昏鸦争噪，哪一个不红尘里闹？路遥遥，水迢迢，利名人都上长安道。今日少年明日老，山依好，人不见了。""左难右难，枉把功名干。烟波名利不如闲，到头来无忧患。积玉堆金无边岸，限来时后悔晚。病患过关，谁救得贪心汉？"这两首词反映出当时人们感叹好景不长、青春易逝的消极心态。

　　总体来看，唐宋时期长沙窑与磁州窑的书法装饰书体自由奔放，内容贴近民间生活，乡土气息极为浓厚，世俗化倾向十分明显，创作主体基本上可以肯定是民间艺人。出土于河北彭城的一件题词枕，其内容"韩信功劳十大，朱阁（诸葛）亮位治（至）三公，百年都向土中埋。邵平瓜，盈亩种；渊明菊，夹篱开。闻安乐事去来。"这词在内容上当出自文人之手，但别字连篇，定为匠人所书。

　　入明以后，以书法装饰瓷器的传统逐渐势微；明初，永乐始见帝王年号的刻款和书款，但也极罕见；宣德时期为一大变，帝王年号款成为瓷器的重要装饰，这一传统一直延续至清末，成为定例。空白期之后的成化、弘治、正德、嘉靖、隆庆、万历诸朝年号书款成为瓷器文字装饰的主要内容，以至于成为鉴定瓷器的一条重要依据。

明中期以来，民窑青花中书法装饰多见"富贵佳器"、"万福攸同"、"金玉满堂"等吉祥语及斋堂款，且多书于器底，书法草率居多，罕见诗词、警句等内容。崇祯青花中书法装饰较少见，顺治、康熙青花中重视书法艺术装饰的传统再一次恢复，最常见的有"梧桐一叶落，天下尽皆秋"等诗句，更是出现了以整篇文章的书法为装饰手段的作品，且数量不少，成为一个极具特色的陶瓷品种，但基本都是陈设瓷，以文人所用笔筒为多，常见的书法题材有《圣主得闲臣颂》，前、后《赤壁赋》，《醉翁亭记》等。

这时期瓷器的书法装饰有别于唐宋时期世俗化的特点，在文人艺术浪潮的影响下，过渡期青花瓷中文字装饰具有文人艺术的显著特点：书法端庄秀丽，多以楷书为体，内容以文人名篇诗作多见，器形以文玩用具居多，清新脱俗，别具一格。

明末书坛、画坛的大师级人物董其昌有《昼锦堂记》书画合璧卷传世（现藏吉林省博物馆，图89）。此卷以欧阳修《昼锦堂记》为题材，画面表现夏秋之交，一片茂林峦岫，远近相连，构图平远开阔，林中茅屋数间。在画法上，此图用笔细秀工整，以石青石绿皴点晕染，色泽温润，是董氏小青绿设色作品为数不多的代表作之一。董其昌是晚明文人艺术的倡导者和实践者，其言论和艺术风格对后世影响深远。很巧合，过渡期青花瓷中也有以此文为装饰题材的作品，与董氏之书画卷有否直接联系无法考证，但可以肯定的是，青花《昼锦堂记》笔筒是一件受文人艺术影响，以书法为主题纹饰的典型文人用具（图90）。此笔筒器身满录宋代欧阳修《昼锦堂记》全文，落款"竹石主人"，下一方一圆连珠印，康熙时期常见的绘于器底的秋叶图形款居然被作为

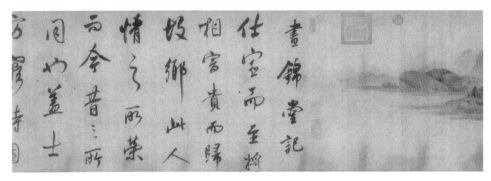

图 89　明　董其昌《昼锦堂记书画合璧卷》

图 90　清康熙　青花《昼锦堂
记》笔筒

引首章使用，这是典型的文人书法作品中落款用印之品式。秋叶款的这种用法，在过渡期瓷器中是较罕见的。

总之，从题材上看，过渡期青花瓷的装饰在传统的以动物植物纹为主的工艺化装饰风格逐渐消解的过程中，全面移植文人绘画题材，山水、花鸟、人物诸体具备，成为独立的主题性绘画装饰，山水必有意境，花鸟必有情态，人物必有故事，以书法为主题纹饰的装饰在远接唐宋传统的基础上进一步以文人趣味为依归，使过渡期青花瓷的装饰题材与风格显现出有别于传统面貌的清新格调。

（2）技法的借鉴

传统绘画中"南北二宗"分野的理论把职业绘画与文人绘画严格加以区分。唐代王维因其"诗中有画，画中有诗"被追认为南宗文人绘画之鼻祖，北宋苏轼首开"枯木竹石"之题材，文同创"湖州竹派"，米芾擅"云山墨戏"以及董源、巨然对南派山水的开宗立派之举，逐渐在技法与风格上树立了文人绘画样板的雏形。此后，经过元、明文人画家的艺术实践与理论包装，文人画的概念在董其昌的总结下得以完整而清晰：技法上，讲究线条的书法趣味，水墨层次的丰富多彩；形式风格上，以书入画、诗书画印相结合成为文人画必须具备的几大要素。

传统绘画虽被划为南北二宗，但对过渡期青花瓷装饰都产生过重要影响，尤其是文人画。文人绘画在晚明的发展态势对青花瓷装饰的影响是显而易见的。除了前面详加讨论的对题材的移植外，对文人画技巧的借鉴与风格图式的模仿也是过渡期青花瓷装饰区别于传统风格的重要特点。

由于青料煅烧提纯技术的提高、胎釉质量的改进、勾线填色与分水技法的运用，过渡期青花瓷装饰在绘画技法与风格上模仿文人绘画已没有技术障碍。

宋元以来，传统绘画在发展过程中形成了诸多技法样式，主要是各种皴法与墨法。皴法又分为线、面两个系统：线性系统有披麻、荷叶、兰叶、解索、牛毛等诸多名目，块面系统有大斧劈、小斧劈、刮铁、雨点等诸多手段。用墨之法虽千变万化，但也脱不出浓、淡、破、积、焦、宿等几种路数。

文人画以水墨为尚，追求笔法律动与水墨洇晕之趣是文人画家乐此不疲的兴趣，所谓"墨戏"是也。明中期以后，文人画对笔墨本身的形式美感的关注达到空前高度；与此同时，青花瓷在过渡期的发展，使胎釉效果与青料呈色也具备了模仿文人水墨画的技术条件。对于分水法的出现以及在明后期的推广，笔者本人倾向于是受水墨画调墨技巧的影响，以水为介质，借鉴水墨画墨分五色之理法，使青料呈色具有由浓到淡的丰富色阶，从而达到与水墨画相似的艺术效果。过渡期青花瓷对青料呈色丰富层次的追求，完全是受到文人水墨画艺术审美的影响，至康熙时为极致。在过渡期大量青花瓷作品中，对北宗及文人画皴法的借鉴和套用也存在着诸多痕迹。

明崇祯青花人物故事筒瓶（图91），此筒瓶胎釉质量精良，青料发色青翠，人物、山水、卷云、丽日布局繁满紧凑，是过渡期青花瓷中难得的精品。作品中远山危峰耸立，用笔爽利沉着，是传统绘画中大斧劈皴技法之套用。南宋山水名家马远在绘画技法上善于运用大斧劈皴，画山石用笔直扫，水墨俱下，见棱见角，其代表作品《踏歌图》中对远山的表现形式逐渐演化成为一种符号性语言，不断为后世画家所模仿（图92）。明初戴进远接马远等南宋院体衣钵，开有明一代影响巨大之浙派，为浙派绘画之鼻祖，《静听松风图》（图93）是戴进主宗南宋院体一路山水的典型作品，此图对远山的表现显然受到了南宋马远大斧劈皴法的影响。浙派绘画在有明一代势力强大，其影响力可与吴门相抗衡。这件青花山水人物故事筒瓶，远山危峰峭拔，以北宗大斧劈皴出之，从造型到技法都是对南宋院体以及明代浙派山水模式的套用，模仿痕迹十分明显。如果仔细留意，过渡期青花瓷中很多表现山水题材的作品中，这种表现远山的技法几乎成为一种符号被广泛运用。

文人画技法中之披麻皴，以线条来造型，与书法趣味

图91　明崇祯　青花人物故事图筒瓶

最为相通，为文人画家所擅用。过渡期青花瓷中，许多作品也明显借鉴了这种文人绘画技法来表现山水质感与肌理，这种表现方式在过渡期之前的装饰中是看不到的。

（3）风格的模仿

①形式风格

传统绘画尤其是文人绘画，在形式风格上极讲究诗书画印相结合，把多种艺术形式融为一体，互为生发，成就一种独特的艺术形式。

在文人画中，画家擅画之外，多兼擅书法治印，几乎无画不题；用印也极讲究，体制多样，名目纷繁。明代中晚期文人画家如董其昌、徐渭之流，均是书法大家，其书法的

宿雨清畿甸
朝陽麗帝城
豐年人樂業
隴上踏歌行

图92　南宋　马远《踏歌图》

图93　明　戴进《静听松风图》

艺术成就并不亚于绘画。文人绘画中诗书画印相结合的艺术
形式，直接影响到过渡期青花瓷的装饰。

　　在认同并着意模仿文人绘画的形式风格之前，青花瓷
中，文字很少负担有艺术装饰的功能，主要是年号款、吉祥
款、斋堂款，字体单一，装饰部位多在器物底部；而过渡期
的青花瓷文字装饰却负担有更多的艺术装饰功能，这显然借
鉴了文人画诗书画印相结合的艺术形式，书法文字的装饰部

图 94　明崇祯　青花人物故事图笔筒

位也从传统的器底转移到装饰画面的显著位置，构图上与画面互为补充，字体也渐趋多样，真、行、隶、草诸体俱备。不光如此，还模仿文人画钤章用印之品式，康熙时期甚至将印章以釉里红来表现。凡此种种，均是在形式风格上着意模仿文人画之艺术趣味。

青花初夏睡起图盘（参见图 79），这件过渡期青花瓷的先驱性作品，是一件描绘 17 世纪文人生活细节的独特之作。其装饰诗画结合，诗发其意，画显其形；书法一丝不苟，字体落款讲究，行距布白匀停，具有强烈的文人画诗书画相结合的形式风格特征。

崇祯青花人物故事图笔筒（图 94），从胎釉工艺以及青花发色上看，这已是一件典型的过渡期青花瓷作品。在画面显著位置有隶书款题："乙亥新春为纲老词丈"，与青花初夏睡起图盘相比，这件作品在隶书款题之外还模仿文人用印之品式，绘钤"弦文赠"篆书方章。"乙亥"为崇祯八年，

图 95　清顺治　青花暗刻花鸟诗文笔筒

即 1635 年，说明这是一件过渡期早期模仿文人画形式风格
的标准器。

　　顺治青花暗刻花鸟诗文笔筒（图 95），此笔筒束腰侈
口、枯枝、白日、莲荷、飞鸟，或青花，或暗刻，主次搭
配，相得益彰，是顺治青花中的精彩作品。隶书款题"漠漠
水田飞白鹭，阴阴夏木啭黄鹂。水竹居"，为王维七律《积
雨辋川庄作》之颔联[74]，这是一件表现文人画之鼻祖王维
诗意的绘画作品，真是恪守了王维"诗中有画、画中有诗"
之艺术要旨。诗人之妙境，艺人之巧思，上下千年，凝于
一器，妙！

　　康熙前期出现的大量以书法文字装饰全器的作品，目
前所见，形制几乎为文人书房用具的笔筒，文字内容多为文
人名篇佳作，诸如《醉翁亭记》、前后《赤壁赋》等。在印
章钤绘上，不仅将青花改为釉里红，而且借鉴了文人画用印
中名章、闲章、朱文、白文等诸多品式，完全迎合了文人精

[74]　原诗为王维《积雨辋
　　　川庄作》七律。

136

致典雅、多趣求变的艺术口味；从表现形式上讲，也大量套用文人画诗书画印结合的形式风格。

②个人风格

艺术贵于创新，一部艺术史实即一部风格图式的不断创新、消解、再创新的历史。

总体上讲，宋元文人画家分别在形式风格与精神内涵上为明清文人画家树立了样板。在宋元样板光辉的笼罩之下，明清文人画家或借"外师造化"之功，或假"中得心源"之力，或兼而糅之，也造创出诸多风格迥异的艺术图式。晚明清初之画坛，无论人物、山水、花鸟等题材，也真是风格纷繁，名家辈出。这种独特的个性化创造，具有充分的艺术感染力，影响着其他艺术品类。过渡期的青花瓷装饰中，对画家个人风格的模仿，可以发现诸多实例。

明崇祯青花罗汉图筒瓶，此筒瓶器形硕大，所绘人物神态逼真，服饰线条宛转流畅，衣纹转折衬以青花浓淡渲染，具有独特的装饰性画风，其深厚的人物画功力，奇谲高古的绘画品格，非一般匠人才力所能企及（图96）！

晚明人物画以道释、史实风俗和传神类分，其中又以道释题材最为盛行。

宗教在明代社会生活中占有极其重要的地位，社会各个阶层的人士都有信奉宗教的，甚至服膺儒家学说的士大夫，也往往笃信宗教。明末学者顾炎武即指出："南方士大夫，晚年多好学佛；北方士大夫，晚年多好学仙。"[75]因之，晚明人物画中道释题材之流行是有深层社会原因的。

吴门仇英为人物画大家，仇英之后，晚明人物画坛以嘉万间丁云鹏、尤求、吴彬领其先，陈洪绶、崔子忠、曾鲸继其后，把人物画发展推向一个新高度。

道释题材是中国人物画中在内容、技巧和形式风格上都具有极强延续性的题材。寺观庙宇铺装、壁画绘制均有粉本；文人画系也是传承有绪，丁云鹏、尤求、吴彬等均是追摹前人，以五代贯休、北宋李公麟等人物画大师为宗，创作了大量道释题材绘画。《五百罗汉图》（局部）（图

[75] 顾炎武《日知录》卷一三。

图 96　明崇祯　青花罗汉图筒瓶

图 97　明　吴彬《五百罗汉图》（局部）

97）是吴彬人物画代表作。罗汉是指修行高深，却特意不
入涅槃，长住世间以渡化众生的人物，可以说是投合晚明
盛行的在家修行居士的最佳题材。从形式风格上讲，自五

图98 五代 贯休《十六罗汉图》（之十四）

代北宋以来，罗汉画有很悠久的传统，出现了十六、十八或五百罗汉等不同的图像模式，画者均以铁线描勾勒人物，罗汉面目多隆鼻深目，非汉人形象，这种风格图式源自五代贯休之创造（图98）。吴彬的《五百罗汉图》在人物造型、笔法运用以及敷色渲染上都继承了贯休之传统；比吴彬、丁云鹏、尤求等辈稍晚的陈洪绶、崔子忠更是在吴彬等人的基础上掺和己意，独出手眼，在技巧与形式风格上采取夸张变形的手段，打破传统绘画各种元素之间的虚实避让的逻辑

图99　明　陈洪绶《复古图册》之《骑牛罗汉》

图100　明　徐渭《墨花图卷》（局部）

关系，强化绘画的装饰意味，形成了强烈的个人风格。《复古图册》是陈氏画风之代表作，其中之《骑牛罗汉》一开（图99），人物造型比例夸张，运笔用线如春蚕吐丝，循环超忽，紧劲连绵，敷色运墨层层烘染，画面形式风格装饰性极强。

　　丁云鹏、陈洪绶等人不但以绘画知名，还是著名的版画插图家，无论是借助卷轴画还是版画的传播手段，他们强烈的个人绘画风格无疑具有很强的艺术感染力。崇祯青花罗汉图筒瓶，从人物造型上看，也是高鼻深目，衣纹用线也

图 101　北宋　许道宁《秋江渔艇图》（自然空间结构）

是紧劲连绵，衣皱转折以青花浓淡渲染层次，整个画面风格奇古夸张，具有浓烈的装饰画风，地地道道模仿丁云鹏、陈洪绶之绘画风格，其粉本或许就出自这二人也未可知！

从花鸟题材看，以徐渭、陈淳、周之冕、孙克弘为代表的水墨写意花鸟画风是过渡期青花瓷花鸟装饰题材着意模仿的对象。

明代中晚期写意花鸟画的盛行是对院体风格的反叛，这在创作技法与描绘题材上都是一种转型：陈淳、徐渭之花鸟画用笔大胆放纵，水墨淋漓，开大写意之画风（图100），后世并称"青藤白阳"；周之冕、孙克弘则是兼工带写，敷色清丽，后世称其为"勾花夹叶"。与之相对应，牡丹兰菊、芭蕉竹石等题材成为最适合这种水墨写意技法的表现对象。

过渡期青花瓷的花鸟装饰也出现了向写意画风的转型。风格上模仿"青藤白阳"的大写意与"勾花夹叶"的小写意；题材也以芭蕉竹石、牡丹兰菊为主；其技巧也是兼工带写，充分展示具有水墨画效果的青料发色层次丰富之特性。在构图上，从讲究场景空间关系的院体式花鸟构图转型为对折枝花卉的大量表现，这在过渡期青花瓷装饰中也是十分突出的构图模式。

诸多迹象表明，晚明文人山水画的发展，越来越注重笔墨本身的形式美。用笔的书法趣味及用墨的微妙而丰富的变化是判断作品优劣的重要标准，境由心造，是否可居可游已不再重要。这种审美标准的确立导致宋元山水中自然空间结构（图101）的消解，取而代之的是意象空间结构的建立，

图 102　明末清初　龚贤《千岩万壑图》（意象空间结构）

它可以不受自然空间的透视比例的严格束缚，画家完全可以因心造境，以一种非常自由的创作状态去表现胸中山水之结构及拓展笔墨本身的表现力（图 102）。在龚贤的作品中，千岩万壑乃胸中之山水，现实生活中是并不存在的。过渡期青花瓷在表现山水空间结构上也完全是借鉴当时文人山水的造景法则，在两件崇祯时期的青花瓷作品（图 103）中，背景中的远山和城墙完全是出于画意需要而设计，现实生活中不存在这种空间结构。

意象空间对造景法则是一种解放，对明暗关系也是一种解放。

山水中表现明暗，不是传统中国画艺术旨趣之所在，但在明末清初的山水画家中，为了打破传统图式的禁锢，画家往往把传统绘画中的某种审美因素剥离出来加以强化，或造型上奇崛夸张，如陈洪绶、吴彬之流；或线条上以书法趣味为第一要旨，如董其昌之流；或用墨上强调明暗光影，如龚贤之流，皆是持传统之某一因素并发挥至极的卓然大家。

龚贤是用水墨层次制造光影幻景的绘画大师，他善用

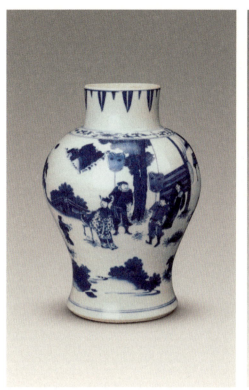

图 103　过渡期青花瓷对文人画意象空间造景法则的借鉴

积墨之法，把水墨层次的细微变化发挥到极致，由此来制造出一个充满光感的水墨世界。这种特异独立的山水风格对过渡期青花瓷产生了极为重要的影响，这种影响在康熙时期的作品中尤其明显。

　　龚贤的作品中，书法趣味的线条并不重要，他醉心于水墨层层积染所带来的无比丰富的层次感以及由此而造成的强烈的、充满幻想的光感世界。龚贤所追求的水墨境界也正是过渡期青花瓷所要力图达到的，绘画中的水墨丰富变化与瓷器中的青料浓淡呈色之间在技术手段与形式风格上是极为相通的。龚贤的这种水墨境界为过渡期青花瓷树立了一个标尺，在康熙青花中，终于有了极其完美的表现。康熙青花水大缸是一件杰出代表，除了青花呈色丰富之外，对山水光感的表现，在历代青花瓷作品中，也是无出其右的（参见图 67）。

　　其实，在龚贤的前辈董其昌的作品中，已有较为明显的光影表现，董其昌的这种山水风格已经影响到崇祯时期的

图 104　明　青花苏武牧羊图笔筒

青花瓷作品，青花"苏武牧羊图"笔筒（图 104）背景中的
山石构造与阴阳向背之法与董氏山水（图 105）并无二致。

三、市民文化的影响

1. 商品经济的繁荣与社会结构的变化

明代的社会经济经过长期的积累和发展，到了中后期，
达到了前所未有的水平。农业方面，粮食产量增高，粮食作
物品种增多，各种经济作物也得到了迅速发展；在手工业方
面，部门行业日益增多，生产规模不断扩大，而且无论是农
业还是手工业方面，生产技术不断改进和提高。随着社会生
产力的发展和提高，商业流通日益频繁，商品经济达到了空
前的繁荣，在物产丰富和交通便利的地方，形成大小不等的
各种商业中心区，城市日益增多，特别是以工商业为主的城

图 105　明　董其昌《设色山水》

市如杭州、苏州、湖州、景德镇等规模不断扩大。像杭州"北湖州市，南浙江驿，咸延袤十里，井屋鳞次，烟火数十万家，非独城中居民也"[76]；景德镇因其陶瓷烧造规模之大，佣工数万，更被称为"四时雷电镇"；而临清因地处运河沿岸交通要冲，南北货物聚散于此，其人口竟有百万之巨。关于明代的商业都市和商路情况，隆万时人张瀚就其宦游所及，在《松窗梦语》中曾有一个概括的叙述，兹不辞繁复，引用如下：

　　余尝宦游四方，得习闻商贾盈缩。京师负重山，面平陆，地饶枣谷驴马果蔬之利，然而四方财货骈集于五都之市，彼其车载肩负，列肆贸易者，匪仅田亩之获，布帛之需，其器

[76] 王士性《广志绎》卷四。

充栋与珍玩盈籍，贵极崑玉琼珠，滇金越翠，凡山海宝藏，非中国所有，而远方异域之人，不避间关险阻，而鳞次辐辏，以故畜聚为天下饶。自真定北至永平，素称闭塞，非商贾出入之地，由广大顺平乃东西腰旅，南北舟车，并集于天津，下直沽渔阳，犹海运之所道也。河间保定商贾多出其途，实来往通衢。霸州武清而东，仅有樵牧之利，无商贩之资矣。京师以南，河南当天下之中，开封其都会也，北下卫彰达京圻，东沿汴泗转江汉，车马之交，达于四方。商贾乐聚，地饶漆楮柏紵织纩，锡蜡皮张，昔周建都于此，土地平广，人民富庶，其俗织俭习事，故东贾齐鲁，南贾梁楚，皆周人也。彰德控赵魏，走晋冀，亦当河洛之分。而南阳下薪黄，入襄郡，又与淮泗相表里。若民物殷阜，汝宁为优，而水陆道里为人便矣。河以西为古雍地，今为陕西、山河四塞，昔称天府。西安为会城，地多驴马牛羊旄裘筋骨，自昔多贾。西入陇蜀，东走齐鲁，往来交易，莫不得其所欲。至今西北贾多秦人，然皆聚于沂雍以东，至河华沃野千里间，而三原为最。若汉中西川巩凤犹为孔道，至凉庆甘宁之墟，丰草平野，沙苇萧条，昔为边商之利途，今称边戍之绝塞矣。关中之地当九洲三分之一，而人众不过什一，量其富厚，什居其二，间阎贫窭，甚于他省，而生理殷繁，则贾人所聚也。河以北为山西，古冀都邑地，故禹贡不言贡。自昔饶林竹纆旄玉石，今有鱼盐枣柿之利。所辖四郡，以太原为省会，而平阳为富饶，大同潞安倚边寒薄，地狭人稠，欲尚勤俭，然多玩好事末，独蒲坂一州富庶尤甚，商贾争趋。南则巴蜀。巴蜀亦沃壤，古为梁地，地饶姜粟蔬果丹砂铜锡竹木之器。东下荆楚，舟经三峡，而成都其会府也，帛叙重夔，唇齿相依，利在东南，以所多易所鲜，而保宁则有丝绫文锦之饶，泸水以西，松潘威茂，皆边境矣。洛阳以东，泰山之阳为兖。其阴则青，襟带山海，膏壤千里。宜禾黍桑麻，产多丝棉布帛，济南其都会也。西走赵魏、北输沧瀛，而川陆孔道，并会德州临清济宁之间。登莱三面距海，宜木棉，少五谷，利在鱼盐，舟车牵挽，劳役无休时也，大江以南，荆楚当其上游，鱼粟之利遍于天下，而谷土泥塗甚于禹贡，其地跨有江汉，武昌为都会，郧襄上通秦梁德黄，下临吴越，襟顾巴蜀，屏捍云贵郴桂，通五岭入八闽，其民寡于积聚，多行贾四方，四方之贾亦云集焉。沿大江而下为金陵，乃圣祖开基之地，北跨中原，瓜连数省，五方辐辏，万国灌输，三服之官内给尚方，衣履天下，南北商贾争赴。自金陵而下控故吴之墟，东引松常，中为姑苏，其民利鱼稻之饶，极人工之巧，服饰器具足以炫人心目，而志于富侈者，争趋效之。庐凤以北接三楚之旧，芭举淮阳，其民皆些轻沙，多游手游食，煮海之贾操巨万赀，以奔走其间，其利甚巨，自安太至宣徽，其民多仰机利，舍本逐末，唱权转毂以游帝王之都，耐握其奇赢，休歙尤伙，故贾人几遍天下。良贾迎市利数倍，次倍之，天下无能者，逐什一之利，其株守乡土而不知贸迁有无，长贫贱者，则无所比数矣。浙江右联圻辅，左邻江右，南入闽关，遂达瓯越。嘉禾边海，东有鱼盐之饶，吴兴边湖，西有五湖之利，杭州其都会也。山川秀丽，人慧俗奢，米资于北，薪资于南，其地实蕃而文侈，然而桑麻遍野，茧丝绵苎之所出，四方咸取给焉。虽秦晋燕周大贾，不远数千里而求罗绮缯币者，必走浙之东也，宁绍温台并海而南，跨引汀漳，估客往来，人获其利，严衢金华郭郭徽饶，生理亦繁，而竹木漆柏之饶，则萃于浙之西矣，江西三面距山，背沿江汉，实为吴楚闽越之交，故南昌为都会，地产窄而生齿密，人无积聚，质检勤苦而多贫，多设智巧挟技艺，以经营四方，至老死不归，故其人内啬而外侈，地饶竹箭金漆铜锡，然仅仅物之所有，取之不足更费，独陶下窑缶之器，为天下利。九江据上流，人趋市利；南饶广信，阜裕胜于建袁，以多行贾，而瑞临吉安尤称富足。南赣谷林深邃，实商贾入粤之要区也，福州会城及建宁福宁，以浙江为藩篱。东南抱海，西北联山，山川秀美，土沃人稠。地饶荔梃橘柚，海物惟错，民多仰机利而食，俗杂好事，多贾治生不待危身取给，若岁时无丰，食欲被服不足自通，虽贵官巨室，闾里耻之，故其民贱啬而贵侈。汀漳人悍嗜利，不若邵延淳简，而兴泉地产尤丰，若文物之盛。则甲于海内类。粤之东西在岭海间，古称百粤，粤以东广州一都会也，北负雄韶，兵饷传邮，仰其权利，东肩潮惠，内寇外夷，为患孔棘，高廉雷琼滨海，诸夷往来其间，志在贸易非盗边也。顾奸人逐番舶之利，不务本业，或肆行剽掠耳。广以西风气异宜，山高水驶，地利物产优赡自足，桂林为都会。柳庆盗区，行居苦其荼毒，思恩田宁强悍尤甚。南宁太平控遏两江，苍梧开府雄镇一方，多珠玑犀齿玳瑁金翠，皆自诸夷航海而自，故聚于粤之东，其缠楠桤梓金锡藤葛，则产于粤之西矣。镇南崇山峻岭，泻涧迂回，会城之中，土沃饶，食不待贾，而贾恒集，以丹砂朱汞金碧珍贝之所产也。临安大理永鹤楚雄并称膏壤，商贾绝少，若无临永丽，疆邻诸甸，风土迥异矣，然镇南取道贵阳，贵阳首思南，次镇远石阡，而都匀铜仁恩州又其次已。郡邑官杂流土，民多蛮夷，水不涵淳，土无货殖，官军岁给，全赖他省，而况商贾万里来投，安能有固志哉。

张瀚的记载，非常完备地反映了明代中后期商品经济发达，商路密布，新兴市镇不断涌现的社会经济状态。

商品经济在明代中后期的高度繁荣，改变了中国的传统社会结构。许多人放弃了农业生产而专门从事商业活动，商业资本非常活跃，商人数量很大，不少商人资本雄厚，富甲天下，并且还出现了有一定组织的商人团伙。经营商业的人各省都有，尤其以徽商和晋商最为著名。同时，依于商业与手工业的繁荣，居于市镇都会之中的是庞大的市民阶层，商人阶层和市民阶层的形成是明代中后期因商品经济的繁荣而产生的社会结构上的变化，实为明清之际文化风尚异变的一大根源。

2. 社会风尚与文化异变

经济的发展，市场的繁荣，刺激了人们消费水平的提高，影响了人们社会生活的各个方面，社会风尚也随着发生变化。嘉靖、隆庆、万历时期，正是明代社会风尚发生急剧变化的时期，在服饰、车马、饮食、器用、居室等日常生活中，违禁、逾制之风劲长，奢靡之风日盛。所谓"嘉隆以来，浮华渐盛，竞相夸诩"[77]，"今贵臣大家，争为奢侈，众庶仿效，沿袭成风，服食器用，逾僭凌逼"[78]，"嘉隆以来豪门贵室，导奢导淫，博带儒冠，长奸长傲，日有奇闻叠出，岁多新事百端"[79]。

不仅如此，社会的价值取向也发生了重大变化。在中国传统社会中，重农轻商的观念根深蒂固，历代统治者也往往有意识地重农抑商，采取各种措施和政策禁止人们弃农经商。商人居于四民之末，地位最为低下，他们不但被赋以重税，而且在服饰、器用等日常生活中有种种限制。但明代中后期商品经济的发展，改变了传统的社会价值观，重视商业，商人的社会地位得到极大提高，于是经商的人也越来越多，苏松地区"昔日逐末之人尚少，今去农而改业为工商者，三倍于前矣"[80]，甚至连士大夫也加入到商业活动中来，吴中一带"缙绅士大夫多以货殖为急"[81]，而徽州地区"即阀阅之家，不惮为贾"[82]，更而甚之，出现了弃学从商、弃官从商的现象。像"三言"、"二拍"中所说的"为士不振，俱失养"，有人便"凑些资本，买办货物"[83]，有人做官"觉得心里不耐烦做此道路"[84]，便弃官经商，正是真实地反映了当时的情况。

商品经济的发达，商人与市民阶层的壮大，必然产生文化消费上的诉求。同文人艺术的繁荣一样，市民文化的兴盛也是晚明清初文化异变的特色之一，其欣赏主体的价值取向、审美观念直接影响了这时期各种艺术门类的发展，戏曲发达，小说繁兴，版画插图风行，建筑考究，其中尤其以戏曲和小说的高度繁荣而成为明清之际市民文化的代表。

3. 市民文化的发达对瓷器装饰的影响

① 戏曲、小说之故事情节

商人与市民阶层在文化消费上的诉求促进了戏曲、小说等通俗文化的高度繁荣。

戏曲在明清城市居民生活中占有重要地位。随着杂剧

[77]（明）沈朝阳《皇明嘉隆两朝闻见记》卷六。

[78]《明神宗实录》卷一七二。

[79]（明）范濂《云间据目抄》卷二《记风俗》。

[80]（明）何良俊《四友斋丛说》卷一三。

[81]（明）黄省曾《吴风录》。

[82]（明）唐顺之《荆川先生文集》卷一五。

[83]《喻世明言》卷一《杨八老越国奇逢》。

[84]（明）凌濛初《初刻拍案惊奇》卷三《刘东山夸技顺成门，十八兄奇踪村酒肆》。

的日益衰落，来自民间的南戏代之而起，各地方的地方戏非常盛行，有余姚、海盐、弋阳诸腔。嘉靖时，崑山乐工魏良辅和剧作家梁辰鱼合作开创了昆曲，昆曲用笛管笙琵合奏，"听之最足荡人"，以后传入北京，成为当时最流行的戏曲。沈德符《顾曲杂言》说："自吴人重南曲，皆祖昆山魏良辅，而北词几废"。明代传奇也不乏著名作品，元末明初有《琵琶记》、《荆钗记》，之后又有《白兔记》、《拜月记》、《杀狗记》等，后来又产生了汤显祖的《牡丹亭》。据清初无名氏编撰的《传奇汇考标目》及此书的增补本记载，该书著录明清戏曲家达 276 人，作品总数达 680 种左右[85]。其时市场之繁荣，可见一斑。

以小说而论，明清两代更是小说的全面繁荣时期。元明之际，《三国演义》、《水浒传》的问世，开创了中国古代小说发展的新时期；明代中后期，又出现了中国古代小说史上长篇小说创作的又一个繁荣时期，据统计，这个时期的传世作品竟多达 70 余种；同时，以"三言"、"二拍"为代表的白话短篇小说又最鲜活地表现了明清之际市民阶层的生活习俗和思想状态。从表现内容上看，戏曲、小说偏重于志怪传说、历史故事、男女情爱、世俗人情等题材，这些题材，直接为过渡期青花瓷装饰提供了内容素材。

戏曲、小说等市民文学的繁荣，还直接促进了刻书业及版画插图的发展。

为了适应市民阶层的阅读取向和欣赏口味，为图书镌刻插图蔚为时尚，几乎到了"无书不图"的地步。明末清初，是中国古代雕版印刷术大放异彩的时代，是时书坊林立，刻家蜂起，官、私、坊三大刻书系统并皆称盛，全国两京十三省几乎无地不刻书，并由于不同地域所刻版画具有鲜明的地方特色，形成了建安、金陵、新安三大刻书流派，武林、吴兴、苏州等地版画并皆繁荣的盛况，崇祯壬午年（1642 年），举人朱一是读清白堂刊本《蔬果争奇》，情不自禁地灯下书跋云："今之雕印，佳本如云，不胜其观，诚为书斋添香，茶肆添闲；佳人出游，手捧绣像，于舟车中

［85］邓长风《明清戏曲家考略》，上海古籍出版社，1994 年。

图 106　明崇祯　青花三国故事图筒瓶

如拱璧；医人有术，检阅篇章，索图以示病家。凡此诸百事，
正雕工得剞劂之刀，万载积德，岂逊于圣贤传道授经也。"
短短数十字，热情洋溢地反映了时人喜爱雕版图画的心情及
其影响力之大。

　　在戏曲发达、小说繁兴、版画插图风行的市民文化背
景下，作为一种实用的流通商品，过渡期青花瓷装饰无疑具
有迎合当时市民阶层欣赏口味的商业化倾向。在装饰题材
上，大量采用当时流行的戏曲、小说的故事情节，诸如三国、
水浒、西厢等；在造型、构图乃至诸多技法细节上也大量借
鉴版画插图的粉本及技法。

　　从装饰题材上看，过渡期青花瓷装饰中的人物题材非
常多地表现了戏曲、小说的著名情节。

　　崇祯青花三国故事图筒瓶（图 106），此筒瓶通体满绘

图 107　清顺治　青花空城计图筒瓶

三国人物故事，描绘的是大乔、小乔以及华容道关羽放走曹
操的故事，间以松柳古木、高山流水，其青花发色青翠淡雅，
人物神态生动，为崇祯青花之精品。

　　对三国故事的钟爱，在清初的作品中也屡见不鲜。顺
治青花空城计图筒瓶（图107），非常准确地表现了《三国
演义》中"武侯弹琴退仲达"一回中的场景：城楼上孔明身
披鹤氅凭栏抚琴，洞开的城门下小童低头洒扫，旁若无人，
而惊疑不定的司马懿正欲率兵离去。小说中人物的身份、情
态、故事情节的发生环境，在这件作品中都准确无误地表现
出来。

　　《水浒》中的故事情节在过渡期青花瓷中也多有表现。
明崇祯青花人物故事图笔筒，此笔筒纹饰中有一段描绘李
逵手持板斧与虎搏斗的场面，此乃妇孺皆知的"李逵救母"
的场景（图108）；这件青花瓷作品中另一面则表现了"智
劫生辰纲"的精彩场面（图109）。

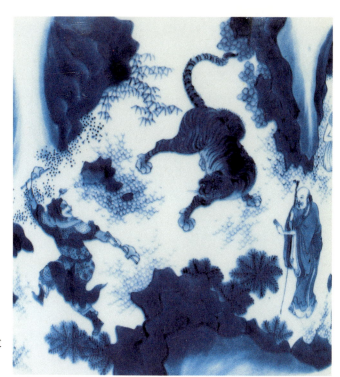

图 108　明崇祯　青花人物故
事图笔筒（局部一）

图 109　明崇祯　青花人物故
事图笔筒（局部二）

《西厢记》可能是明清之际受欢迎程度上最具人气指数的戏剧之一。这个缠绵曲折的爱情故事起源于唐朝诗人元稹的一篇传奇《会真记》（又名《莺莺传》），之后经过约四个多世纪的酝酿和发展，才产生了中国文学史上有名的"董西厢"和继之而起的"王西厢"。其故事情节也由始乱终弃的悲剧性结局发展成为一对情侣经过曲折的斗争道路而终于获得自由、美满的爱情生活而修成正果。这个故事本身在内容情节上不断演变发展的过程也体现出其在历代受欢迎的程度的不断攀升，更不用说其刻绘版本之繁杂，发行数量之巨大。就瓷器装饰题材而论，《西厢记》的故事情节恐怕是明清之际过渡期青花瓷装饰中出现频率最高的戏剧题材（图110），更而甚之，康熙早期青花瓷装饰中对这部戏曲的偏爱简直达到了痴迷的程度，最为精彩绝伦的作品出现在一件康熙早期生产的青花棒槌瓶上（图111、112）。这件作品以连环画的形式从瓶的顶部一直到底部图解了《西厢记》的全部重要故事情节，我们几乎可以给这件作品一个特殊定名——"青花全本西厢图记棒槌瓶"。过渡期青花瓷装饰与戏剧的渊源关系之密切，当以此瓶为最好例证。

不仅仅局限于小说、戏曲题材，现实生活中的世俗风情，也是过渡期青花瓷装饰中所关注的对象。如春宫瓷，虽非"雅裁"，却也是市民文化消费的需求之一，这在过渡期以前的瓷器装饰中似不曾见[86]。

② 版画的影响

作为发达刻书业的副产品，版画插图从万历开始就进入了其最为辉煌的发展时期。这些版画插图是集文人画家之才情、雕版刻工之技艺、出版商人之财力于一体的综合艺术产品，也是明清之际市民文化发展的重要成就。过渡期青花瓷装饰在向戏曲、小说借用题材的同时，也自然借鉴版画插图的艺术元素，诸如故事情节之图式、画面空间之构图、人物绘画之风格等各个方面。下面分而详之：

第一，故事情节之图式

艺术创作中程式化现象有时是不可避免的。版画插图

[86] 文献记载中秘戏瓷出现在隆万之际，清唐秉钧《文房肆考》曾有"明瓷，至隆万制作日巧，无物不有，然隆万之秘戏，殊非雅裁"之记载。

图 110　过渡期青花瓷装饰中《西厢记》故事

图 111　清康熙　青花全本《西
厢图记》棒槌瓶

图 112-1 清康熙 青花全本《西厢图记》棒槌瓶展开图（一）

图 112-2　清康熙　青花全本《西厢图记》棒槌瓶展开图（二）

图112-3　清康熙　青花全本《西厢图记》棒槌瓶展开图（三）

图112-4　清康熙　青花全本《西厢图记》棒槌瓶展开图（四）

以及瓷器装饰图案作为一种商品艺术无疑更具有这种特征，这就是图式，也即"粉本"出现的原因。目前虽然没有发现瓷器装饰绘画所使用的粉本实物，但在零星的文献记载中，可以确信它的存在。

嘉靖时期王宗沐在其《江西大志·陶书》"回青"一条之中曾有如下记载："画青之日，预悬图轴，分立天地玄黄号序坐"，这预悬之图轴，当是粉本无疑；在《神宗实录》中，有"钦颁瓷器式样"之记载，式样也即粉本。

关于粉本的存在，还有一个旁证。宁波范氏天一阁旧藏中曾有《绘事指蒙》一书，此书后又经张珩先生收藏。这是一部传本绝少的画谱类书，编者为明代前期时人邹德中。我国画谱到嘉靖以后方开始多起来，除了宋代《梅花喜谱》以及元代《竹谱》之外，这本《绘事指蒙》在现存画谱中当算最早的一部[87]。更为重要的是，此书并非出自文人士大夫之手，而是画工之经验总结，文体绝大部分为白话，术语很多，有些地方又类似歌诀，它为我们提供了一般画论中绝对找不到的材料。比如许多技巧程式：如用剪纸和五色彩帛贴出人物的方法；江西小描用楮树汁贴金箔的方法；往墙壁上过画稿所谓"鬼过关"的方法；专为画神佛用的各种云头的画法；各种铠甲的画法；不同神佛及其随从的画法；犀皮交椅及各种漆器的画法等。这些绝非文人画家所能详知的技法和程式可以证明，民间工匠中确实有粉本传承存在。因此，结合零星的文献记载与《绘事指蒙》等画谱类书的流传，可以推知，景德镇瓷器生产中肯定存在绘画粉本的传承。具体到过渡期青花瓷装饰，它的许多纹饰很可能受到戏曲小说版画插图中的诸多图式的影响，或者说它们有共同或类似的粉本为创作参考。还是以那件全本西厢图记棒槌瓶为例，此瓶中"月下听琴"的画面在人物动态、场景组合上与万历二十年建安熊龙峰忠正堂刊本的《重锲出像音释西厢评林大全》插图之"琴心写怀"（图113）相当雷同，这种雷同证明它们之间肯定存在一种程式的延续。再如，作为传统绘画题材的婴戏图，目前能见到的早至宋代的作品，发展到后

[87] 王世襄《锦灰堆》，第400页，三联书店，2006年。

图113 明万历刻本《西厢记》之"琴心写怀"

来逐渐成为一种程式化的吉祥喜庆的风俗题材。比如万历年间刊本的《程氏墨苑》中把婴戏图程式化为"百子图"（图114），以此来作为墨的装饰纹样。这种程式化的题材在崇祯时期的青花瓷中也出现了（图115）。

第二，画面之构图技巧

在明末版画中，为了更准确地表现戏曲、小说的故事情节，创造出了一些颇具特色的构图技巧。比如对梦境的表现，在版画中就采取了极有智慧的构图方式。汤显祖著名的"临川四梦"（《紫钗记》、《南柯记》、《还魂记》、《邯郸记》）其故事情节都是以做梦为全剧之关键，为了表现这种梦境，版画插图以婀娜袅绕的一组线条结构绘出梦境空间，将现实与梦幻纳于同一画面，万历年间金陵广庆堂刊本的《南柯梦》插图就是一件表现梦境的成功作品。

版画中这种巧妙构图方式也被过渡期青花瓷装饰所借用。崇祯青花人物图笔筒中对人物梦境的表现无疑套用了版画插图的构图技巧，从画面内容判断，这件作品也极有可能表现的是《南柯梦》之故事情节（图116）。

在空间环境结构的表现上，版画也有其独到之处。为

图 114　明万历　《程氏墨苑》百子图

图 115　明崇祯　青花百子图笔筒

了尽可能地表现空间深度及空间环境，版画插图往往采用虚
实掩映之法。如明天启兼善堂刊本《古今小说》之"梁武帝
累修成佛道"之插图（图 117），右上角以虚实掩映之法来
表现缥缈仙界，既紧扣了小说之内容，又拓展了画面之空间
深度。这种虚实掩映之法在过渡期青花瓷装饰中所见极多，
成为其空间表现的鲜明特色。

图 116　明崇祯　青花人物图笔筒

图 117　《古今小说》插图之"梁武帝累修成佛道"

版画的构图技巧对青花瓷装饰的影响不光表现在单幅画面之中，其如连环画般按时间先后与情节发展来叙述故事的构图方式也对瓷器装饰产生影响，最好的例证还是那件著名的青花全本西厢图记棒槌瓶，此瓶从上至下按时间情节的发展"出演"了一部全本西厢，真乃铭心绝品也。

第三，人物绘画之风格

在排比研究一组崇祯时期青花作品时，笔者发现它们在人物绘画风格上存在某种共同的特点，似均出自某一位或某一流派绘手（图118），其人物描绘在青花渲染之中不掩线条之劲挺，人物比例被适当拉长，人物衣饰均用"梅花形"图案装饰，绘画风格典雅、富丽、缜密、纤巧。这些特点与万历时期徽派版画中的某些作品的风格极为接近。

徽州刻书自万历骤精，谢肇淛评："宋时刻本以杭州为上，蜀本次之，福建最下。今杭州不足称矣，金陵、新安、吴兴之地剞劂之精者，不下宋本"。明人胡应麟也曾有评："余所见当今刻本，苏常为上，金陵次，杭又次之。近湖刻、歙刻骤精，遂与苏常争价。"万历年间，徽州墨庄和书坊老板不惜工本，重金聘请著名画家如丁云鹏、陈洪绶、汪耕、郑重等人绘图，名手镌刻，使徽派版画之精丽典雅骤然凌于各派之上，发展到明末，几乎形成徽派风格一统天下的局面。

明万历版画中，徽州汪廷讷环翠堂所刊诸本声誉卓著，其绘刻均为一时圣手。汪氏环翠堂所刊版画以《人镜阳秋》、《环翠堂乐府》（共计六种：《义烈记》、《天书记》、《投桃记》、《三祝记》、《彩舟记》、《狮孔记》）、《坐隐先生精订捷径弈谱》等作品最为知名。这些作品多为当时著名的插图画家汪耕所绘，古歙虬川黄氏家族刻工黄应祖、黄一楷、黄一彬等人所刻，是徽派版画中的顶峰之作。汪耕与黄氏家族刻工合作的作品不仅仅有环翠堂刊本，其他如起凤馆刊本的《北西厢记》插图、玩虎轩刊本的《北西厢记》插图等也都是称绝于世的佳作。

在汪耕与黄氏家族刻工合作的作品中，其人物形态比例被明显拉长，线条纤细劲挺。尤其在环翠堂刊本的作品中，

图 118　过渡期青花瓷装饰之人物造型特征

以"梅花形"图案作为衣服装饰的技巧最为集中而常见。这些特点与那组崇祯时期的青花作品风格如出一手。明末景德镇地属饶州府，但在地理位置上与徽州极近，民情风俗也与徽州无异，徽派版画与景德镇瓷器同样是流通极广的文化商品，作为徽派版画的绘图名手及其流派，未尝没有参与景德镇瓷器绘画创作的可能。从汪耕及黄氏刻工合作的版画作品与这组崇祯青花作品的对比中，我们很难否认二者之间所具有的某种渊源关系。

四、"士商合流"的文化现象与过渡期青花瓷装饰之格调

明代晚期出现"士商合流"的根本原因在于商品经济发展下商人社会地位的提高，士人从商，商人入仕的"士商混杂"的现象越来越普遍。归有光敏锐地注意到这一问题，"古者四民异业，至于后世而士与农商常相混"[88]，士商之间角色混杂的现象大大促进了这两个阶层间的文化流动。士人加入到商人行列后，自然也把士人的价值观和文化带到商人阶层。江苏太湖洞庭山席本久本为商人之子，自幼读书习举业，因数次科举不中，遂弃儒从商，但却不废儒业，"暇则帘阁据几，手缮写诸大儒语录至数十卷，又尝训释《孝经》，而尤研精覃思于《易》"[89]。

浙江瑞安商人卓禺也是一位先儒而后贾，既贾而不废儒的人物。据吴伟业《梅村家藏稿》记述："公弱冠，便有得于姚江（王守仁）知行合一之旨……今即偕同志崇儒学，谈仁义，而好从博山、雪峤诸耆宿请疑质滞……公之为学，从本达用，多所通涉，诗词书法，无不精诣。"

雄飞商界的徽商作为明晚期代表性的商人集团有着"贾而好儒"的重要特色。徽州既以"东南邹鲁"驰誉遐尔，又以"商贾之乡"闻名海内。生于斯，长于斯的徽商或是"先儒后贾"，或是"先贾后儒"，或是"亦贾亦儒"，从而形成了"贾而好儒"的重要特色。徽商之所以能在艰难曲折的道路上不断发展壮大，是与这一重要特色分不开的。徽商在经营中重视商业道德，讲求经营之道，也无不是这一特色的体现。"贾为厚利，儒为名高"，在这种价值观的支配下，徽商在商业成功的同时，大力资助振兴文教，资助艺术创作，收藏艺术品。在这种背景之下，徽派版画、徽派建筑、新安

[88] （明）归有光《震川文集》卷一三《白庵程翁八十寿序》。
[89] （清）汪琬《尧峰文钞》卷一五。

画派、徽州园林等艺术门类莫不达到极高的成就。明末商人吴其贞在《书画记》中写到："昔我徽之盛，莫如休歙二县。而雅俗之分，在于古玩之有无，故不惜重值争而收入。时四方货玩者，闻风奔至。"

"士商合流"必然导致文化上"雅俗合流"的现象，一方面是文人游艺，另一方面是艺人尚文。

文人游艺在晚明蔚为风气。制瓷、造园、操斤、刻竹、版画等，莫不涉猎。周秉忠，号丹泉，其本业为画家，史载其"精绘事，笔墨苍秀，追踪往哲"，而他却以制瓷闻名："隆庆、万历间，至景德镇造瓷，善于仿古，周亦以此自喜，常携其所制，售与苏、松、常、镇间鉴赏家，千金争市，时人谓之周窑……而亦擅妆塑，其疏泉叠石，尤能匠心独运，点缀出入意表。郡中园林，出其布画者，有徐泰时东园（今留园）石屏及小林屋（今惠荫园）等。"袁宏道评周秉忠创作之石屏山："高三丈，阔可二十丈，玲珑峭削，如一幅山水横披画，了无断续痕迹，真妙手也。"[90]

嘉定李流芳，是画史上卓然成派的大家，其诗画篆刻并皆精绝，他却常以种盆景自娱，诗人赵俞称他善叠宣州石，剪树作盆景，为海内所重。

中国家具史上巅峰之作的明式家具也是出现在明万历至清初这一历史时期，其简洁大方、不饰雕琢的美学风格的形成，是同文人的参与设计分不开的。据说天启皇帝嗜好制作家具，常常亲自操斤弄斧。

作为艺人，也常常极力提高自己的文化修养。如徽州版画之精绝，除了仰仗书画名家创作画稿外，版刻成功与否与刻工之优劣具有莫大关系。徽州版刻圣手黄氏家族是一支几百人的刻书队伍，他们一般都有较高的文化修养。据《虬川黄氏宗谱》载，他们不少人能诗文、善书画，具有多方面艺术才能。例如黄铤是位丹青高手；黄铖善书，精于草篆，六义八体，靡所不工；黄文敬、文汉兄弟善书法，明医道；谭渡黄柱"于丹青尤精，翎毛、轩冕、花卉、鲜果及人物佛像皆入妙品。"[91]正是在文人画家与具有较高文化修养

[90]（明）袁宏道《袁中郎先生文集》卷一四。
[91]《谭渡孝里黄氏族谱》卷七。

的出版商与刻工的合作下，才创造出富丽精工、典雅静穆的徽派版画。郑振铎曾评徽派版画之格调："他们写市丽，是那么揖让让退的；他们写游乐，是那么徐缓而舒畅的；他们写喧闹的生活，是那么适可而止的；他们写妓院的营生，是那么含蓄而高雅的。"

综观明清之际各类工艺品，在"士商合流"的文化背景下，莫不具有纯朴率真、天然谢雕饰的美学风格，有的即使细琢精雕，穷工殚巧，也是雅而有士气。过渡期青花瓷在总体风格上也莫不如此，在技法风格上迎合文人水墨画之品味，在造型上也以文人用具最为精彩，题材上虽以戏曲小说等通俗题材为内容，但其点染之间也风致婉约、士气隐现，真正具有雅俗共赏之格调。

五、文化的地域流动与过渡期青花瓷装饰之文化归属

地域间的文化流动是指各地之间的文化交流和相互影响。

地区文化差异形成的落差必然导致地域间的文化流动。如京城是所谓"首善之区"，其风俗习尚常对四方产生重大影响。"弘治壬戌以后，人帽顶皆平而圆，如一小镜；靴履之首，皆匾如鲇鱼喙。富家子弟，无一不然。云自京师始，流布四方"[92]；"正德中年，京都人士忽以巾易帽，四方效之，贩夫走卒，亦有僭用者"[93]。苏州是经济文化繁华的地方，对其他地区也影响极大，时人有诗云："白袷裁衫玉满头，短檐鬓髻学苏州。侬家新样江南曲，纵是愁人不解愁。"[94]由此可见苏州的服装、发式、音乐对各地的影响。风俗如此，器用亦然，苏作家具沿运河北输，其风格对运河沿岸家具风格影响甚大，直至北京，从而成为明式家具的代言形象。地域文化的流动主要以人为载体，比如商人的转毂经商，学者官员的讲学与调动，乃至流民、犯人的迁移等，都是文化流动的载体。以商人为例，嘉靖、

[92] （明）戴冠《濯缨亭笔记》卷三。
[93] （明）蒋一葵《尧山堂外记》卷九七。
[94] （清）英廉、朱筠尊等《日下旧闻考》卷一四七。

168

万历间，陕西商人长期在南方经商，将南方的社会风习带回本地，以至三原县"强半似扬州，习俗兼南北"。温纯指出："吾三原，士半商贾，衣饰大率袭吴越、广陵。"万历时，袁宏道主持陕西乡试，目睹当地习俗，不由感叹道："窃料今天下浮艳之习，始于东南而渐于西北者不少。"[95]

关于地域间文化流动之案例以徽州较为典型。徽商依于其强大的经济实力，经营天下的商路渠道，不遗余力地推介徽州文化，如绘画、建筑、刻书、制墨等，其辐射力相当强劲。

绘画，以弘仁、梅清为代表的新安画派，是明中期吴门之后勃然崛起画坛的地方画派，其作品在宗法元四家的同时重视师法自然，他们饱览黄山地区自然实景，神遇而迹化，因此笔下之山水，形式奇巧而仍不失自然生动，在摹古之外，别开生面，加上徽商财力的推波助澜，形成了强大的艺术潮流。

建筑，徽州民居是一个特点及其鲜明的建筑体系，从其环境布局、外观风格、内部结构、内檐装修、家具陈设、壁间悬垂、案头装饰来看，这是一个秩序分明、逻辑性强、风格统一的家居环境艺术综合体。不仅如此，徽派建筑与其文化观念、艺术趣味、风俗习惯等结合得了无痕迹。种种迹象表明徽派民居是一个原创性的建筑体系，换句话说，它是一个血脉纯正的徽州土著。考察其周边地区的民居建筑，如湖南、江西中北部、江苏、浙江乃至福建、四川等地，或在建筑外观符号，或在内檐装修上近似徽派，但总不如徽州民居那样体系完整而统一。笔者作一个大胆推想，明清时期，是否存在一个以徽州为中心的徽派民居文化圈！

再说园林，清人评各地园林特色有"杭州以湖山胜，苏州以市肆胜，扬州以园亭胜，三者鼎峙，不可轩轾"[96]之语，而扬州园亭大部为经商扬州的徽商所建，陈去病在《五石脂》一书中指出："徽人在扬州最早，考其年代，当在明中叶。故扬州之盛，实徽商开之，扬盖徽商殖民地区。故徽郡大姓，如汪、程、江、洪、潘、郑、黄、许诸民，扬州莫

[95]（明）袁宏道《袁宏道集笺校》卷五四《陕西乡试录序》。
[96]（清）李斗《扬州画舫录》卷六。

169

不有之，大略皆因流寓而著籍者。而徽扬学派，亦因以大通。"《歙县志》也有："在昔盐业尤盛焉……彼时盐业集中淮扬，全国金融几可操纵，致富较易，故多以此起家，席丰履厚，闾里相望，其上焉者，在扬则盛馆舍，招宾客，修饰之采……"[97]

再说刻书，徽州版画称雄之前，无论建安派还是金陵派，都是以民间艺匠为创作主体，而徽派版画则是出版商挟雄厚之财力，整合专业画家与木刻艺术家之所长而成的高精尖产品。由于徽州刻工人才济济，名工辈出，而徽州弹丸之地，很难展其骥足。故徽派圣手，多有流寓武林、苏州、吴兴等书业集中之地，徽派版画的风格也借此得以传播和普及。晚明的版画艺苑，如武林之起凤馆、顾曲斋，金陵之文林阁、广庆堂，苏州之玄草居等，都延请徽派名手，刊刻出一批徽派风格的版画精品。

有理由推断，由于徽州在明末清初是一个文化输出地区，景德镇与徽州在地理位置上近在咫尺，同建筑、版画一样，过渡期青花瓷装饰在文化上是否也是徽州文化圈之一部分？从前面讨论过的徽派版画对过渡期青花瓷装饰的影响上看，二者似乎具有这种文化归属关系。

六、艺术品评风尚变化与过渡期青花瓷之复古倾向

伴随着艺术品收藏风气的盛行，明中晚期艺术品评活动也十分活跃，许多文人著书立说，各种有关艺术品的著录、史传、品评、论述、鉴赏等层出不穷，内容涉及书画、陶瓷、碑帖、古玉、琴棋、铜器、漆器、文房乃至庐室、花草、木石、禽鸟、舟车等文人艺术收藏与日常生活的方方面面[98]。

晚明清初的艺术创作与品评活动中，存在着复古倾向。

在文学创作中，前、后七子以"文必秦汉，诗必盛唐"的复古文风来反对永乐以来"台阁体"的庸弱无力。书画创作中，文人画拟古之风盛行，画家动不动就以宋元某家笔法、

[97]（民国）《歙县志》卷一《风土》。

[98] 关于晚明瓷器鉴藏风尚的变化，复旦大学刘朝晖有专文做过精彩研究，见《中国古陶瓷研究》第4辑。

图 119　明　董其昌《小中现大》册（之一）

笔意来进行创作，完全沉醉于对前人笔法与墨法的模仿中，清初正统派的四王绘画更是讲究笔笔皆有来历。当然，他们将笔墨本身的表现力推向了更新的高度，也算是一种创新。晚明画坛领袖董其昌是画坛复古一个身体力行的实践者，他总结宋元名家笔法，临摹原迹，缩为《小中现大》册（图119），作为他创作之根基；四王之首的王时敏，是董其昌的学生，他也"尝择古迹之法备气至者二十四幅为缩本，装成巨册，载在行笥，出入与俱，以时模楷，故凡布置设施，钩勒斫拂，水晕墨章，悉有根柢"[99]。可以说，复古在明

[99]（清）张庚《国朝画征录》。

清之际是一种文化思潮。

同样，瓷器的收藏品评标准在晚明也出现了这种变化，收藏家不仅喜欢以五大名窑为代表的宋瓷，对于本朝的前代名品，他们也追捧有加。

"本朝窑器，用白地青花，间装五色，为古今之冠。如宣窑品最贵，近日又重成窑，出宣窑之上，盖两朝天纵，留意曲艺，宜其精工如此。"[100]

"宣窑不独款式端正，色泽细润，即其字画，亦皆精绝，余见御用一茶盏，乃画'轻罗小扇扑流萤'者，其人物毫发俱备，俨然一幅李思训画也。"[101]

"宣庙瓷器，质料细厚，隐隐桔皮纹起，冰裂蟮鱼纹者，几与官汝窑敌。"[102]

"宣德款制最精，距迄百五十年，其价几与宋器埒矣。"[103]

"神宗尚食御前成杯双，值钱十万。"[104]

"窑器当重哥汝，而十五年来忽重宣德，以至永乐、成化价亦骤增十倍。大抵吴人滥觞，而徽人导之，俱可怪也。"[105]

由于文人雅士的品评导引，商人重金收藏，宣德、成化窑器在明晚期身价骤增，好评如潮。受这种"窑重宣德、成化"的风气影响，当时不仅在官窑，而且在民窑中也兴起仿制复古器的风潮，瓷器生产中不但在技法、纹饰上模仿前代佳品，而且在晚明还出现了许多书写前朝年号寄托款的产品，这一独特的款识文化现象，表明当时人们对前朝名品风范的渴慕。

官窑产品中由于永宣青花瓷高度的美学成就，早在成化时期即有模仿宣德之作（图120）。嘉靖官窑中有仿成化斗彩婴戏杯，其形制、料彩、纹饰风格与成化产品（图121）殊无二致。

民窑生产中，也由于时风之影响，商业利益的驱动，涌现出一批仿制高手。

崔国懋，隆庆、万历间人，《景德镇陶录》中称他："人

[100]（明）沈德符《万历野获编》卷二六。

[101]、[103]（明）谢肇淛《五杂俎》卷一二。

[102]（明）张应文《清秘藏》。

[104]（清）唐秉钧《文房肆考》卷三。

[105]（明）王士贞《觚不觚录》。

图 120　明成化　青花海水云龙盘

善冶陶，多仿宣、成窑遗法制器，当时以为胜，号其器曰'崔公窑器'，四方争售。"

昊十九，本姓吴，嘉靖、万历间人，善仿永宣二窑，俱逼真者，因而有诗赞曰："宣窑莹薄永窑厚，天下驰名昊十九；更有小诗清动人，匡庐山下时回首。"[106]

周丹泉，本为画家，隆庆、万历间至景德镇造瓷，人称"周窑"，他尤擅仿古，"每一名品出，四方竞购之，周亦居奇自喜。"[107]

从风格上看，过渡期青花瓷尤其是崇祯以来的"上品细料器"，其风格本身并无模仿前朝的倾向，而更多地是受到其他艺术门类诸如文人绘画、戏曲、小说、版画等的影响，在讨论它的复古倾向时，我们注意到的是"寄托款"这一文化现象的出现。在晚明清初的民窑产品中，书写宣德、成化乃至嘉靖年号款的现象极为普遍，反而书写天启、崇祯年号的作品成为罕物；康熙早期，过渡期风格的民窑作品中，以书写成化年款为最多。因此，对过渡期青花瓷复古倾向

[106]（明）李日华《味水轩日记》卷二。
[107]（清）兰浦《景德镇陶录》卷五。

图 121 明宣德 青花海水云龙盘

的讨论，必须撇开纹饰、技巧等艺术风格的范畴，而更多地关注其思想意识中的复古因素。"寄托款"的大量出现，就是过渡期青花瓷中复古意识外化的符号。

七、东西方文化交流与过渡期青花瓷的外来因素

中国瓷器对外来文化的吸收从来都是抱着非常开放的态度。早至南北朝时期，青瓷装饰就吸收了佛教文化的元素；元代青花瓷与波斯细密画风之关系也相当直接；明初永宣时期又制作了一批伊斯兰风格的瓷器；正德时期所谓"回回器"成了正德官窑的一大品种，伊斯兰风格的影响一直延续到明末，漳州窑的一些红绿彩作品是正德"回回器"风格的延续；明末清初，欧洲宗教绘画对过渡期青花瓷产生了影响，我们甚至还可以发现与日本浮世绘的某种关联。

明末清初，西方艺术是伴随着传教活动输入中国的。

利玛窦是必须提及的一个人。利玛窦早在 1582 年即来华传教，他的来华，为中西文化交流开创了新的局面，他是耶酥会传教士最早进入明朝首都北京并对当时中国社会上层集团、文化学术界人士产生重要影响的人物。

利玛窦在华深受欢迎，他的传教方式有"润物细无声"的效果，他结交地方官绅、文人学士，自己也全盘华化，饮食起居与国人无异，"见人膜拜如礼，人亦爱之，信其为善人也"（李日华《紫桃轩杂缀》）。他还研学儒家经典，与当时许多文人如瞿太素、徐光启、叶向高、李之藻等人交厚。1601 年 1 月 24 日，他到北京获准朝见神宗皇帝，他向神宗进赠礼物，其中有天主图像一幅，天主母图像两幅，天主经一本，珍珠镶十字架一座，报时自鸣钟两架，《万国图志》一册，西琴一张。神宗收下礼物，待之以上宾之礼。这种礼遇的获得，为利玛窦的传教活动打开了方便之门。

西方绘画对中国艺术产生影响正是伴随着传教的深入而日显。明代传入的西洋绘画基本上都是宗教画。西方绘画的新奇马上引起中国学者的注意。顾起元《客座赘语》中记载了利玛窦论述中西绘画区别的言论："中国画但画阳不画阴，故看之人面躯正平，无凹凸相。吾国画兼阴与阳写之，故面有高下，而手臂皆轮圆耳。"顾起元还谈了自己对西洋画的感受，如对《圣母怀抱圣婴》一图："所画天主乃一小儿，一妇人抱之曰天母。画以铜版为帧，而涂五彩于上，其貌如生。身与手臂俨然隐起帧上。脸之凹凸处，正视与生人不殊。"

万历时期，利玛窦带来的西洋绘画借助中国出版商之手，得到迅速传播。《程氏墨苑》翻刻了利玛窦带来的四幅宗教铜版画，即《圣母怀抱圣婴》（图 122）、《信而涉海 凝而即沉》、《二叛闻实 即舍空虚》、《淫色秽气 自遭天火》。这四幅版画的翻刻，精整无比，并且成功运用了中国木刻画平版雕镌技巧，再现了西洋画"兼阴与阳写之"、"手臂皆轮圆"、"面有高下"的艺术特点。西方绘画中明暗、透视观念借助西方宗教绘画与《程氏墨苑》这样的版画的传播，迅速产生了影响。明末人物画家曾鲸，吸收西洋画观念，

图122　明万历　《程氏墨苑》之《圣母怀抱圣婴》

利用淡墨渲染阴影凹凸，开创人物画新风，称为"波臣派"。

　　从山水画来看，明末许多画家作品中一方面玩弄水墨变化之趣味，一方面若隐若现地表现出对光感的追求，如董其昌。在其晚期作品中，隐隐约约能感到光的流动感，承其衣钵的清初"四王"也或多或少有这种意识，其中又以王原祁最为彰显（图123），但最为明显的例子发生在龚贤身上。

　　龚贤是江苏昆山人，但多半时间在南京度过，晚年隐居南京清凉山。南京是明末天主教传播的重点地区，也是当时的版画和绘画中心之一，金陵版画与金陵画派都是明末南

图 123　清初　王原祁《仿北苑春山图》

图 124　清康熙　青花戏曲故事酒瓶

京的重要文化现象。龚贤本人更是金陵版画派的首领。龚贤
有否接触西方绘画艺术，目前找不到直接证据，但他的绘画
中因强烈黑白对比而产生奇幻陆离的光感效果，却不是用文
人玩弄水墨趣味的理由能解释清楚的。版画的黑白反差与西
画的光影透视同龚贤绘画的艺术气质非常接近。在技法上，
龚贤绘画中线条排列具有非常明显的秩序感，这种秩序感，
正是版画线条的排列方法与艺术气质。

　　面对着西洋绘画的传入与产生影响，过渡期青花瓷风
格与文人绘画对西画的借鉴保持着一致的步调。明末作品，
基本上以模仿文人画水墨趣味为主，料分浓淡；而清初作品

图 125　清康熙　青花郁金香纹瓶

就非常注重光感的表现，尤其在山水装饰的作品中，不分阴阳，只是其风格极近龚贤。西方绘画中的明暗观念在瓷器中得以展现。可以说西方绘画观念对过渡期瓷器装饰风格产生影响是通过文人画介质来体现的。

　　当然，我们还可以在另外层面找到更加直接的证据。西方的器物造型（图 124）、纹饰题材与构图方法曾被直接移植到过渡期瓷器中，郁金香纹饰的出现与花卉分隔画面的作法（图 125）都是源于欧洲的文化传统。

结论

过渡期青花瓷是在一种漫长而稳定的社会体制鼎盛时期的物质财富具有相当积累状态下的文化产品。所幸的是，它发展于两个王朝交替时期，这种政治控制上相对松弛的环境造就了其多样化的装饰艺术风格，政治势力强加于瓷器装饰的等级观念基本消失，市场的消费需求左右着瓷器生产的质量和审美趣味，制瓷技术的进步与装烧方法的改良造就了过渡期青花瓷一流的工艺品质。

　　对过渡期青花瓷的研究，本文在概念、分期、范围上作了辨析，对工艺和装饰风格的探讨是本书的重点，但有些细节性和背景性的东西还无力顾及或有待证据的更进一步发掘。比如元明戏剧与过渡期青花装饰题材之关系；宋元时期磁州窑装饰题材与宋元戏剧关系密切，这种传统在过渡期青花瓷装饰中得到继承，但在不少作品中，其所表现的人物故事情节目前还很难判定其具体内容，因此进一步的研究也就无从谈起；再如过渡期青花瓷装饰粉本之传承，本书举出了版画插图与瓷器绘画的某种关联，但还是缺少最直接证据的发现，尽管笔者对瓷器装饰存在粉本传承毫不怀疑。

　　关于中西文化交流对过渡期青花瓷装饰的影响，本书探讨了文人绘画（董其昌、龚贤、王原祁）与版画（程氏墨苑）对过渡期青花瓷影响的可能性，但过渡期青花瓷对欧洲制瓷的影响甚至对欧洲绘画的影响（康熙青花对西方印象派绘画产生过重要影响）也应纳入过渡期青花瓷的研究范围，笔者甚至怀疑日本浮世绘与过渡期青花瓷之间具有某种联系，因为明末清初有些瓷器中的人物形象更接近日本版画中的人物造型。

窑口间的相互影响关系往往是陶瓷史研究的难点。笔者认定磁州窑、吉州窑、景德镇窑之间存在某种逻辑关系。吉州窑址的发掘探方揭露了这样一种叠压关系（早—晚）：青白瓷（北宋）—白釉釉下彩（南宋）—覆烧工艺器物的出现（南宋）。青白瓷创烧于景德镇窑，北宋时期吉州窑青白瓷应是受景德镇影响；之后北方磁州窑白釉釉下彩与定窑覆烧工艺在吉州窑的出现应与南宋末因金人南侵造成的人口迁移有关。南宋末，磁州窑工逃到永和（吉州），因兵乱，永和窑工逃到地处山区的景德镇，因此，元代青花瓷绘艺术的骤然成熟也就不难理解。以元青花为纽带，过渡期青花瓷与磁州窑绘画装饰也就具有了某种关联，过渡期青花瓷流行的戏剧小说乃至书法题材在磁州窑作品中早就非常成熟了。

还有一些工作是必须要做的，比如对过渡期纪年款青花瓷的排比研究，这对鉴定工作相当重要，甚至对装饰纹样的植物学研究等等，都是引人入胜的研究课题。

研究思路的拓展涉及认知观念的转变，这非常困难，但非常重要，尤其是古陶瓷研究。笔者做这个课题研究的最大目的就是要在研究思路上作出新的尝试，尽可能放开视野范围，毕竟，那种毫无思想性、方法论可言的古董式研究著作太多了！

参考书目

中国硅酸盐学会主编《中国陶瓷史》，文物出版社，1997年。

叶喆民《中国陶瓷史纲要》，轻工业出版社，1989年。

中国古陶瓷研究会编《中国古陶瓷研究》（第1-6辑），紫禁城出版社，1997年。

台北故宫博物院《故宫学术季刊》。

台北故宫博物院《故宫文物月刊》。

沈福伟《中西文化交流史》，上海人民出版社，1985年。

龚书铎主编《中国社会通史》，山西教育出版社，1996年。

王世襄《锦灰堆》，三联书店，1999年。

赵宏《中国古代仿古瓷》，北京图书馆出版社，1997年。

（英）M·苏立文著、陈瑞林译《东西方美术的交流》，江苏美术出版社，1998年。

周心慧《中国古版画通史》，学苑出版社，2000年。

周芜编《金陵古版画》，江苏美术出版社，1993年。

（日）铃木敬编《中国绘画总和图录》，东京大学出版会，1983年。

（日）座右室刊行会编集《世界陶瓷全集》，小学馆，1983年。

周芜等编著《日本藏中国古版画珍品》，江苏美术出版社，1999年。

炎黄艺术馆编《景德镇出土元明官窑瓷器》，文物出版社，1999年。

（日）二玄社《台北故宫博物院珍藏书画》。

李家治主编《中国科学技术史·陶瓷卷》，科学出版社，1998年。

（明）萧云从《太平山水图画》，国家图书馆出版社，2003年。

中国历史博物馆、西藏博物馆编《金色宝藏——西藏历史文物选粹》，中国藏学出版社，2001年。

马未都《明清笔筒》，中国青年出版社，1997年。

（日）小林太市郎《支那陶瓷图说》，山本湖舟写真工艺部刊，昭和18年。

桂林博物馆编、葛华主编《靖江藩王遗粹》，上海人民美术出版社，2000年。

黄云鹏、甄励《景德镇民间青花瓷器》，上海人民美术出版社，1994年。

周世荣编著《长沙窑瓷绘艺术》，上海人民美术出版社，1994年。

《醋醋斋酒牌》，中华书局影印本，1961年。

刘育文、洪文庆主编《海外中国名画精选》，上海文艺出版社，1999年。

杨仁恺主编《中国书画》，上海古籍出版社，1990年。

（英）哈里·加纳著，叶文程、罗立华译《东方的青花瓷》，上海人民美术出版社，

1992 年。

耿宝昌《明清瓷器鉴定》，紫禁城出版社，1993 年。

柯玫瑰《英国维多利亚和阿尔伯特国立博物院藏中国清代瓷器》，广西美术出版社，1995 年。

三上次男《元明陶瓷》，出光美术馆，1977 年。

福建省博物馆编《漳州窑——福建漳州地区明清窑址调查发掘报告之一》，福建人民出版社，1997 年。

李科友、吴水存整理点校《古瓷鉴定指南》，北京燕山出版社，1993 年。

傅振伦《中国古陶瓷论丛》，中国广播电视出版社，1994 年。

（英）J·戴维斯著、熊寥译《欧洲瓷器史》，浙江美术学院出版社，1991 年。

邱国珍《景德镇瓷俗》，江西高校出版社，1994 年。

史卫民《元代社会生活史》，中国社会科学出版社，1996 年。

杨熙龄《考瓶说分——漫话陶瓷史发展的逻辑》，社会科学文献出版社，1994 年。

李正中、朱裕平《中国古瓷汇考》，天津人民出版社，1991 年。

徐荣编著《中国古陶瓷文献指南》，轻工业出版社，1988 年。

毕克官《中国民窑瓷绘艺术》，外文出

版社，1991 年。

杨鸿勋《江南园林论》，上海人民出版社，1994 年。

黄宾虹、邓实《美术丛书》，江苏古籍出版社，1997 年。

邵曾祺《元明北杂剧总目考略》，中州古籍出版社，1985 年。

傅衣凌《明清时代商人及商业资本》，人民出版社，1956 年。

周世荣、魏止戈《海外珍瓷与海底瓷都》，湖南美术出版社，1996 年。

中国第一历史档案馆编《明清档案与历史研究论文选 1985.10-1994.9》，国际文化出版公司，1995 年。

王春瑜主编《明史论丛》，中国社会科学出版社，1987 年。

王振中《乡土中国·徽州》，三联书店，2000 年。

傅抱石《中国绘画变迁史纲》，上海古籍出版社，1998 年。

邓长风《明清戏曲家考略》，上海古籍出版社，1994 年。

廖奔《宋元戏曲文物与民俗》，文化艺术出版社，1989 年。

张海鹏、王廷元主编《徽商研究》，安徽人民出版社，1995 年。

（明）李渔《闲情偶寄》。

王国维《王国维戏曲论文集》，中国戏

剧出版社，1957年。

顾学颉《元明杂剧》，上海古籍出版社，1979年。

周明初《晚明士人心态及文学个案》，东方出版社，1997年。

周贻白《中国戏曲发展史纲要》，上海古籍出版社，1979年。

余家栋《江西陶瓷史》，河南大学出版社，1997年。

冯先铭主编《中国陶瓷》，上海古籍出版社，1995年。

陈进海《世界陶瓷艺术史》，黑龙江美术出版社，1995年。

陈从周《说园》，同济大学出版社，1994年。

郑振铎编《中国古代版画丛刊》，上海古籍出版社，1988年。

陈万里《陈万里陶瓷考古文集》，紫禁城出版社，1997年。

（日）西田宏子《明末清初手の磁器》，《明末清初の民窑》，平凡社，1997年。

《上海博物馆集刊》第7期，上海书画出版社，1996年。

周仁等《景德镇瓷器的研究》，科学出版社，1958年。

周仁等《景德镇瓷器的研究——景德镇制瓷胎釉的研究》，中国科学院冶金陶瓷研究所专刊，科学出版社，1958年。

张浦生《青花瓷器鉴定》，书目文献出版社，1995年。

（明）王宗沐《江西大志·陶书》。

（明）王士性《广志绎》。

（明）沈朝阳《皇明嘉隆两朝闻见记》。

（明）归有光《震川文集》。

（明）蒋一葵《尧山堂外记》。

（明）沈德符《万历野获编》。

（明）谢肇淛《五杂俎》。

（明）张应文《清秘藏》。

（明）王士贞《觚不觚录》。

（明）李日华《紫桃轩杂缀》。

（明末清初）顾炎武《日知录》。

（清）汪琬《尧峰文钞》。

（清）朱彝尊等《日下旧闻考》。

（清）李斗《扬州画舫录》。

（清）张庚《国朝画征录》。

（清）唐秉钧《文房肆考》。

（清乾隆四十八年）《浮梁县志》。

（明）张廷玉等撰《明史》，中华书局点校本，1974年。

（清）赵尔巽等撰《清史稿》，中华书局，1977年。

（明）李东阳等《大明会典》，国风出版社，1963年。

《明实录·太祖实录》，中央研究院史语所影印本，1962年。